ALEXANDER THE GREAT

亚历山大大帝

［美］雅各布·阿伯特——著　毕婷——译

文明的碰撞与帝国的兴亡

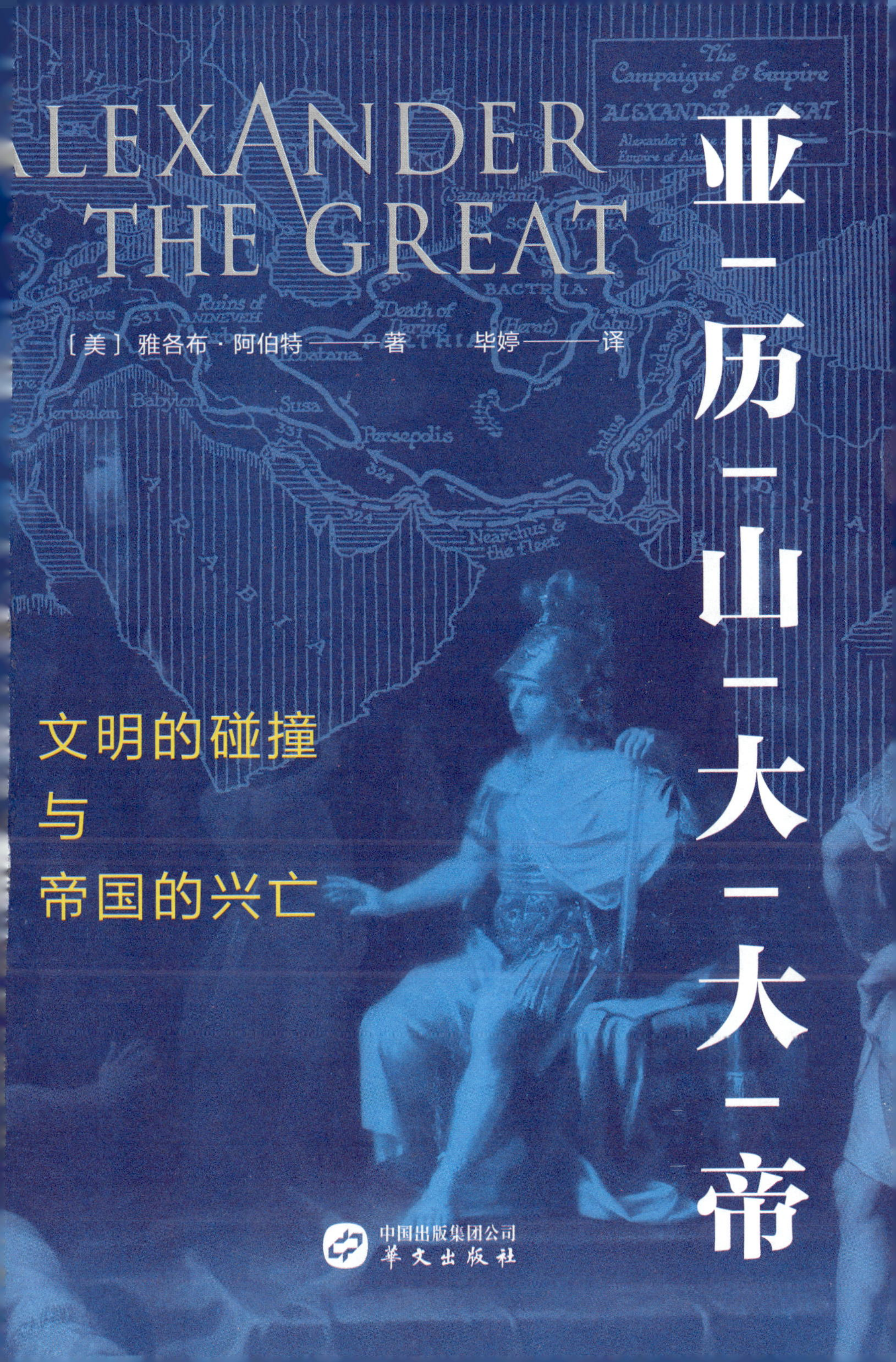

中国出版集团公司
華文出版社

图书在版编目（CIP）数据

亚历山大大帝 / (美) 雅各布 · 阿伯特著 ;毕婷译. --
北京 : 华文出版社, 2017.6（2019.10重印）
（美国国家图书馆珍藏名传）
ISBN 978-7-5075-4707-8
Ⅰ. ①亚… Ⅱ. ①雅… ②毕… Ⅲ. ①亚历山大大帝(前356-前323)—传记Ⅳ. ①K835.407=2
中国版本图书馆CIP数据核字(2017)第141019号

亚历山大大帝

作　　者：[美] 雅各布 · 阿伯特
译　　者：毕婷
选题策划：
插图供应：029—89257605
责任编辑：胡慧华
出版发行：华文出版社
社　　址：北京市西城区广外大街305号8区2号楼
邮政编码：100055
网　　址：http：/ / www.hwcbs.com.cn
电　　话：总编室010—58336239　发行部010—58336212
　　　　　责任编辑010—58336197
经　　销：新华书店
印　　刷：北京画中画印刷有限公司
开　　本：880 × 1230　1 / 32
印　　张：7.5
字　　数：150千字
版　　次：2017年7月第1版
印　　次：2019年10月第3次印刷
标准书号：ISBN 978-7-5075-4707-8
定　　价：39.00元

出版说明

《美国国家图书馆珍藏名传》共22册，作者是美国著名历史学家、教育家雅各布·阿伯特。他以独特的视角研究公元前7世纪到公元18世纪2500年的世界史，最后写出了这套影响深远的人物传记。读者能通过阅读这些风云人物，更好地理解那段历史、那段时光，这是我们出版这套书的最大良善。为使读者更好地全面了解该丛书，现做如下说明：

一、关于版本。据不完全统计，这套丛书的英文版多达上百个。其中，以哈珀兄弟出版公司于1904年出版的版本最具代表性和权威性。本丛书正是根据该版翻译而成，以保证版本的质量。

二、关于插图。这些人物距现代已经很久远了。读者可能会问：他们长什么样子？穿什么衣服？仗是如何打的？外交是如何进行的……为了让读者更形象地了解当时的历史，我们精心为各书选配了约百幅插图。这些插图包括但不限于油画和版画。我们希望，通过品味插图的艺术之美，读者获得一种不是穿越胜似穿越的强烈体验，从而更好地对当时的风土人情有更直观的体察。

三、关于注释。为了确保内容的正确性、权威性，版权方进行了大量的考证工作。考证的结果以注释的形式体现。另外，内文中很多涉及地图的地方，我们尽量尊重作者尊重历史保存原貌，如有出入，请读者认真分辨。

四、关于译者。本丛书由多所大学的一线英语老师及教授翻译而成。各位老师治学严谨，文笔优美，为确保丛书的质量奉献良多。在此，深表敬意。

尽管出版前我们做了许多工作，但不足之处实难避免，欢迎读者朋友多提宝贵意见。

译者序

雅各布·阿伯特（1803—1879）出生于美国缅因州哈罗威尔，19世纪美国著名的传记作家。他一生独著过一百八十多部作品，与他人合著过三十一部作品，可谓多产。在这些作品中，最为著名的，非这套22册的《美国国家图书馆珍藏名传》丛书莫属，丛书脍炙人口，流传至今。《亚历山大大帝》是丛书中的一册。

亚历山大大帝，一个从没有在战争中失败过的伟人。他的传奇始于那匹叫布西发拉斯的烈马。当所有的骑手都望而却步的时候，10岁的亚历山大驯服了它。他曾是亚里士多德最优秀的学生。16岁起，他随父亲四处征战，20岁就登上了王位。为了实现征服世界的野心，亚历山大把目光锁定在疆土辽阔、资源丰富的波斯。他以继承父志为名，对东方发动了侵略战争，“让我们把战争带给亚洲，把财富带回希腊”。经过长达十年的东征，亚历山大终于在辽阔的土地上建立起一个横跨欧亚非的大帝国。

然而，无论他多么伟大，终究还是个凡人。他的肉体还没有将炽热的梦想转化为坚固的现实，其辉煌的一生就在33岁那年戛然而止了。也许，他一生最大的错误就是没有为帝国留下一个继承人。后来，马其顿帝国随着继业者们的你争我夺分崩离析了。一代霸主呕心沥血开创的大帝国就此灰飞烟灭。英雄伟业一朝成，死后均为尘封事。可怜东征的将士们还没来得及见证帝国的繁荣，就湮灭在浩渺的历史烟海中。

“山不走到我这里来，我就到它那里去”“战胜恐惧，就能战胜死亡”“把世界当作自己的故乡”……亚历山大的大胸怀、大格局，古往今来无人可比。他究竟给后世留下了什么？是天下一统理念，探索未知的理想，还是民族融合的可能性？合上书稿，我忍不住想，如果亚历山大没有英年早逝，那么整个欧洲乃至整个世界的历史会不会是另外一个样子呢？可惜，历史没有如果……

毕婷

于西北师范大学

原序

在有翔实的史料记载之前，关于古代历史中出现的英雄人物，我们已经无法考证他们生活记录的真实性。事实上，我们所读到的古代历史，跟传奇故事并没有明显的界限，至于有关赛勒斯、大流士、赛瑟斯、罗穆卢斯、皮洛士及其他历史人物的故事，都或多或少添加了虚构的成分。读者或是从故事的内部证据中获悉这一点，或是依赖于那些厘清史料、分辨史实与传奇的当代学者们的研究中知悉。虽然这些历史故事的真实性依然有待考证，但却是经过历史的长河流传下来的；正因如此，这些故事更应为当代读者所熟知。这些故事保持着最原始的形式，历经二三十个世纪，在人类璀璨文化的历史长河中代代相传；与此同时，它们又被每个文明的国度所独有的文学、修辞学或诗歌进一步修饰渲染。无论这些故事真实与否，它们的作者是谁，故事的读者是谁，故事又是如何被传承至今的，知悉这些历史故事都是每个学识渊博的人应当具备的知识素养。此外，今日的广大读者还要对这些传奇故事的事实来源有所了解，这种知识素养更是不可或缺的。

作者撰写这些历史故事，绝不是为了更正历史中的虚假部分，而是如实记载历史，以此警示读者：你们读过的精彩绝伦的故事，都来源于真实存在的历史。

目录

第一章

亚历山大的童年与少年

精彩看点

亚历山大短暂的一生——举世瞩目的功绩——亚历山大的性格——强健的体魄——欧亚文明的特点——欧亚军队的特性——国王腓力二世——马其顿——奥林匹娅丝——年轻的王子——古代战争模式——古代将领与现代军官的不同——亚历山大的保姆——亚历山大的教育——雷西马克——荷马——亚里士多德——《荷马史诗》——亚历山大的雄心壮志——波斯使者——使者们的故事——成熟的心智——成功的秘诀——布西发拉斯的故事——腓力二世的不满——亚历山大渴望驯服战马——布西发拉斯安静下来——策马奔腾——聪明的布西发拉斯——亚历山大心爱的战马——布西发拉斯的命运——亚历山大摄政——第一次作战——喀罗尼亚——冲动的亚历山大——腓力二世休了奥林匹娅丝——亚历山大的暴脾气——腓力二世对儿子的期待——腓力二世的权势——腓力二世的征战计划——亚历山大迫不及待继承王位

在20岁左右时，亚历山大大帝便开始建功立业了，但天妒英才，他在32岁时英年早逝了。不过，在这短短的12年中，他便建立了举世瞩目的丰功伟绩。而为了创建同样的功绩，拿破仑花去了将近30年的时间——几乎是亚历山大大帝的3倍。

在亚历山大短暂的一生中，他创造了卓越不凡的丰功伟绩，经历了不同寻常的人生探险，度过了伟大而浪漫的一生。他的功业震惊了世界，有关他的故事广为流传，至今仍为人们津津乐道。

亚历山大成功的秘诀在于他的个性，他完美地结合了自己强大的意志力与人格魅力。在任何一个时代，拥有他这种品质的人都会获得巨大到不可思议的优势。而且在很大程度上，这些品质也是他最与众不同的地方。他有着良好的教养，一举一动都能给人留下好印象；他活泼好动，拥有强健的体魄，对于所做的事情有着超乎寻常的热情；

同时，在面对需要谨慎从事的紧急状况时，他又会表现得从容冷静，细致周到；他能仔细考量和预见他的所作所为将会产生怎样的影响；他交友广泛，细心体贴地对待身边的人，懂得对别人的善意表示感谢；对朋友忠诚的他甚至对敌人也很慷慨。总的来说，他有着高贵的品行，不过他把这些品行运用到了战争之中。实际上，在他生活的那个时代，他通过在战争中的所作所为证明了这种品行的强大。怀有满腔热血的他开始建功立业，而他所处的位置也为他建立具有深远影响的丰功伟绩创造了条件。

在亚历山大所处的社会环境中，在几个因素的共同作用下，他获得实现人生壮举的机会。马其顿处于亚欧交界

公元前 336 年，马其顿国王腓力二世暴卒时欧亚结合部的地缘形势图。MACEDON= 马其顿；PERSIAN EMPIRE= 波斯帝国

之处，而那时的亚洲和欧洲，如同今天一样，分属于两种不同的社会文明，彼此差异很大。波斯人、米提亚人和亚述人统治着亚洲的部分地区，而欧洲的一些地方则在希腊人和罗马人的统治之下。这两种文明以达达尼尔海峡、爱琴海和地中海为界，这片水域形成了一个天然的屏障，将这两个族群隔开。相应地，这两个族群形成了彼此完全不同的两种文明，而且很自然地，它们相互敌视。

很难说这两种文明孰优孰劣，二者之间差异巨大，很难相互比较。在亚洲的这边，富裕、奢华和壮丽是主题；而在欧洲的这边，人们推崇活力、天赋和强大的力量。前者拥有规模宏大的城市、华丽的宫殿、堪称世界奇迹的空

巴比伦空中花园，又称悬苑。公元前 6 世纪由巴比伦王国的尼布甲尼撒二世为患思乡病的王妃安美依迪丝修建，现已不存。图为空中花园想象图

中花园；而后者则拥有坚固的堡垒、军用的道路桥梁、防备森严的城镇。虽然波斯人拥有庞大的军队，他们补给充足、装备精良，但是衣着华丽的将领们已经沉迷于奢华的生活之中；而在希腊和罗马，虽然人们的生活艰苦，但他们以服从命令为天职，每个公民都以自己士兵的身份而自豪。他们的将领也不尚奢华，而是将勇气、坚定的意志和绝对的服从看作最重要的品质。除此之外，他们最推崇的是个人的能力和军事指挥才能。所以，无论是在社会生活还是在军事方面，这两个各占世界四分之一的庞大区域都存在着巨大差异。

亚历山大的父亲是希腊城邦马其顿的国王腓力二世。马其顿位于希腊北部，差不多有马萨诸塞州的两倍大，是纽约州的三分之一。而他的母亲则是伊庇鲁斯的公主奥林匹娅丝，伊庇鲁斯在马其顿的西部，是一个比马其顿稍小的希腊城邦。所以，他一出生便成为希腊某一城邦的王位继承人。奥林匹娅丝是一个强势甚至有些专横的女人，而亚历山大似乎也继承了她的这种性格。不过，他把这种强势的性格与其他更优秀的品质结合在了一起，所以他具备了他母亲所没有的优点。

拥有希腊人和罗马人典型的活力、进取心和军事才能的他花了 12 年时间，带领一支战无不胜的军队穿过亚欧边境，侵入亚洲的权力中心，击败了那里的军队，占领了繁华的城市，打败或俘虏了那里的国王、王族和阻碍他前

亚历山大的父亲——腓力二世的雕像

进的将领们。这场东征震惊了世界。亚历山大，这样一个年轻的统帅，带着为数不多的军队，面对着数倍于他的敌人，一路攻城略地，勇往直前，夺取了无数的财富，取得了无上的荣耀。

作为一个年轻的王子，亚历山大理所当然地在自己父亲的宫廷中占据着很重要的地位。所有人都知道他将在腓力二世驾崩后继承王位。因此，他受到了众人的关注和爱护。当他还是少年时，所有认识他的人都注意到他身上具有非凡的心智和品格，而这也预示着他将来必能成为一个伟大的国王。

尽管贵为王子，但是他并没有养成骄奢淫逸的坏习惯。那时候，没有火器的他们不能像现在一样在相隔很远的地方使用枪炮冷静地展开攻击；在古代的战场上，士兵们只能勇敢地冲向敌人，用剑、矛或其他武器与敌人近身肉搏。这就要求士兵必须身强力壮，所以那个时代推崇的是一往无前的勇气与强健的体魄。于是，当时的希腊人特别鄙视奢侈与娇贵。

古代的将领在战场上的责任也不同于现代的军官。现代军官的任务是制定计划、预测敌情、指挥士兵和安排各种战事，他的必备素质是冷静镇定，尤其是面对突如其来的危险时，军队更需要军官的镇定自若、从容无畏、指挥若定。不过，他们几乎不会与敌人贴身肉搏，更没有这样的机会。

然而在古代，所有将领，尤其是低级将领的最大职责就是要率军冲锋，以自己的英勇来鼓舞士气、激励士兵。正是因为这样，这个注定会成为将军的孩子应当从小就拥有强健的体魄，能经受得住战争时期的艰难困苦，这一点非常重要，而在亚历山大的少年时代，这也是众人关注的重点。

在我们这位英雄的孩提时代，负责照顾他的是一位叫兰妮丝的保姆。正是这位保姆的精心照料，才铸就了他刚健的体魄。不仅如此，她也付出了全部爱心，播散了所有善良。亚力山大从她那里得到了无微不至的关爱，而他也在有生之年给予了她极大的关怀和照顾。

在亚历山大的幼年时期，还有一位叫列昂纳托的家庭教师负责他的日常教育。随着他年龄的增长，一位叫雷西马克的人成了他的教师。他所教授的都是在那个年代一个王子必须学习的东西。

尽管那个时代没有印制成册的图书，但是他们依然可以读到一些写在羊皮纸上的典籍。在这些为数不多的典籍中，有一些是哲学论述；还有一些是颂扬英雄丰功伟绩的历史故事，这些故事虽然过分夸张和修饰，但又不失浪漫；还有一些讲述英雄壮举的史诗，这些史诗比那些历史故事更加浪漫。其中，最伟大的当属《荷马史诗》了，它已经在无数人的传唱中流传了几个世纪。它的作者荷马是一位古代诗人，早于亚历山大约四五百年。年轻的亚力山大对荷马所写的史诗非常感兴趣，史诗详细地讲述了在长达 10 年的特洛伊战争期间，一些勇士的伟大壮举和冒险故事。

特洛伊战争是以争夺世上最漂亮的女人海伦为起因、希腊军进攻特洛伊的 10 年攻城战。图为《逃离烈火熊熊的特洛伊》，费德里科・巴洛奇绘

诗歌中，这些勇士被刻画得美好且强大，拥有着让人钦佩的品格；诗歌中对浪漫的冒险经历和如画风景的生动描绘也令人赞叹不已。史诗用亚历山大的母语写成，几乎没什么理解难度。史诗所讲述的故事激发了他强烈的兴趣，而且他还非常欣赏这种行云流水的叙述方式。

后来，他师从亚里士多德——古代最杰出的哲学家。亚里士多德专门为亚历山大准备了一本精美的《荷马史诗》。亚里士多德对该书进行了转录，使它的文字更加精准，表述更加优美。此后，在南征北战中，亚历山大一直随身带着这本书。几年后，他攻占了波斯，从所有的战利品中挑选出一个美丽、贵重的箱子——波斯国王大流士三世曾用它来存放珠宝和其他宝贝，将这本精美的《荷马史诗》珍而重之地存放在这个箱子里。此后的征战中，他一直随身带着这个箱子，妥善保管着这本书。

亚力山大精力充沛，富有朝气，同时，他也像其他伟人那样善于反思、考虑周详。在亚里士多德的指导下，他热爱学习，并钻研一些深奥难懂的东西，在形而上学的哲学和数学方面进步神速，这意味着他的计算能力和判断能力有了很大的提高。

亚里士多德给亚历山大授课，简·费里绘

很小的时候，他便展露了自己的雄心壮志。他的父亲国王腓力二世是一个了不起的勇士，虽然还没有涉足亚洲，但已经征服了希腊的诸多城邦。当腓力二世胜利的消息传到马其顿的时候，整个国家都沸腾了，但是此时的亚历山大若有所思，甚至有些许失望。他抱怨道：“如果我的父亲已经征服了所有的国家，那我还能做些什么呢？”

一次，当波斯帝国的使者来到马其顿时，适逢国王腓力二世征战在外。于是这些使者便拜见了亚历山大，并和他做了一番交谈。他们以为这位王子一定会被波斯帝国数不胜数的辉煌、奢华和壮观的建筑所吸引，所以就向王子描绘了著名的空中花园：这座人工建造的宏伟花园建在高耸入云的平台上，金子做成的葡萄树上镶嵌着由各种各样的宝石做成的水果，这些宝石与波斯国王宝座上的装饰宝石一样美丽。此外，他们还介绍了波斯富丽堂皇的宫殿和规模宏大的城市，以及盛大的宴会、欢乐的节日和壮观的游乐活动。然而，令他们吃惊的是，亚历山大似乎对此并不感兴趣。他总是转移话题，不断地询问波斯帝国的地理位置，进入其腹地的不同线路，亚洲军队的组织结构及其军事战术，特别是当时在位的波斯国王阿塔薛西斯三世的性格和各种习惯。

这位年轻王子所展现出的成熟心智、不凡见识、机敏反应让使者们大为惊叹。他们禁不住将亚历山大与他们的国王阿塔薛西斯三世相比。他们说：“相比之下，我们的君王只能算高贵，而亚历山大才称得上伟大。”对比亚洲各国后来对亚历山大的过高赞誉，这些使者的判断无疑是最公允的，因为他们的判断来自他们的观察，而亚历山大之后的功绩也证明了这一点。

事实上，这种冷静而深谋远虑的性格，这种与生俱来的勇敢和对一切事物的热忱，是亚历山大成功的最大秘诀。

当时的波斯国王阿塔薛西斯三世的雕像

在有关那匹著名的战马——布西发拉斯的故事中，这一切展现得淋漓尽致。它是一匹烈马，当然也是一匹宝马，曾被作为礼物送给腓力二世。当时，亚历山大年岁尚小。当人们把这匹马牵到一个与宫殿相连的花园中，腓力二世连同他的大臣们一起来欣赏它时，它激烈地腾跳起来，一副难以驯服的样子。结果，没有一个人敢靠近它，更别说骑上去驯服它了。刚刚还兴高采烈的腓力二世此刻也开始不满于这匹烈马狂躁的表现了。他想：显然无人能够驾驭这匹性情顽劣的畜生。

此时，几乎所有的围观者都说这是一匹劣马。当时，只有亚历山大一个人静静地站在一旁，观察着这匹马的一举一动，冷静地分析它的脾性。他发现这匹马之所以狂躁，是因为它无法适应现在这个新奇而又陌生的环境；而且这匹烈马似乎也被自己投射到地上的那庞大而清晰的影子给吓到了；同时，亚历山大也注意到，这匹马极度狂躁并不是因为它性情顽劣，而是源于它的高贵与骄傲，因为它是充满勇气、热情、体魄强健的宝马，桀骜不驯的它不甘心祇辱于奴隶人之手。

腓力二世已然在心中认定这是一匹劣马了，于是下令把它送回希腊的塞萨利亚，将它物归原主。亚历山大十分担心因此错失一匹宝马，所以恳求父亲让他尝试着去驯服它。一开始，腓力二世是不同意的。在他看来，一个年轻的王子想要驯服这样的烈马未免太过于鲁莽了，况且几

亚历山大走上前来，开始驯马

乎所有驯马师和马夫都已经认定这是一匹野性难驯的烈马了。不过，最终他还是点头同意了。于是，亚历山大走过去抓紧缰绳。他轻轻地拍着马的脖子，用柔和的声音和动作，以及轻松温和的态度，安抚着这匹烈马。这时，奇迹出现了，这匹马似乎一点儿都不害怕亚历山大，之前，任何一个胆小谨慎、唯唯诺诺的人慢慢靠近它时，它都会立刻警觉起来。而且它似乎是蔑视这样的主人的。它绝不愿意让这样的胆小鬼来驾驭自己。相反，如果一个人能表现出非凡的勇气与冷静，展现出让它也欣赏的品质，那么它是十分乐意被驯服的。

不管怎样，在亚历山大的面前，布西发拉斯变得温顺了。它愿意让王子来抚摸它。亚历山大把它的头转向另一边，不让它看到自己的影子，然后他轻轻地解下了斗篷，跃上了马背。

亚历山大并不是试图驾驭它，也没有通过握紧缰绳来控制它，而是放开缰绳，信马由缰，大声呼喊着激励它。于是，这匹烈马便以最快的速度飞驰而去。一开始，腓力二世和大臣们都被这样的举动吓坏了，但随之而来的便是无比的钦佩和喜悦。布西发拉斯驮着亚历山大纵情飞奔，直到他勒住缰绳。之后，他带着布西发拉斯，安全地回到了腓力二世面前。腓力二世的大臣们涌上前来，赞扬他，祝贺他。腓力二世也高度称赞自己的儿子，并说："你应该拥有一个比马其顿更加强大的王国。"

亚历山大驯服了布西发拉斯

亚历山大精准无比地判断出了这匹马的性情，之后它变得非常温顺，服从主人的一切命令。亚历山大一声令下，它便会弯曲前腿，等待它的主人一跃而上。它随亚历山大一起南征北战，成为他最亲密的伙伴。它的身影也频频出现在那个时代的历史故事里。故事中，它行动敏捷、功勋卓著。无论何时，只要它全副武装地踏上战场，它就会变得极其兴奋和自豪，而这时只有亚历山大能够驾驭它。

有关它的结局是模糊的，有两种不同的说法。在第一种说法中，它力竭而死。当时，骑着它的亚历山大陷入了敌军的包围圈。经过长时间苦战后，它拼尽全力，终于带着它的主人突出重围。它奋力狂奔，带着亚历山大脱离了危险。累累伤痕不能阻止它的奔跑，筋疲力尽也不能让它停下。然而，当它载着亚历山大到达安全之地后，它终于支撑不住，脱力而死。不过，还有另一种说法，当时它只是身受重伤，并没有死亡，而且最后慢慢地恢复了。有历史学家说它一直活到了 30 岁。对于一匹马来说，这已经是很长的寿命了。最后，亚历山大为它举行了隆重的葬礼，并在它的埋骨之所建立了一座城市——布西发利亚。

很小的时候，亚历山大便拥有了如同成年人一般的沉稳性格。在他 16 岁那年，他的父亲出征希腊，便让他代为治理马其顿。虽然他是在城邦内最有经验和最有能力的大臣们的辅佐下摄政的——这一点毋庸置疑，但在这个高位上，他还是展现出了自己旺盛的精力，取得了非凡的成就。同时，他待人谦逊，举止得体，关心下级将领——虽然这些将领职位不显，但他们经验丰富，这是成为高级将领应有的品质。而且他那细致入微的关心能够激发将士们心中的骄傲和激情，在这方面，几乎没有哪个年轻人能够做得像他一样恰如其分。

后来，当他 18 岁的时候，他便跟随父亲一起出征南方了。正是在此期间，在维奥蒂亚的喀罗尼亚，腓力二世指挥了他人中生最重要的战役之一。在安排作战任务时，腓力二世任命亚历山大指挥大军中的一支部队，而他自己则指挥其余的部队。一开始，他还担心自己年轻的儿子无法胜任这样的重任。为了以防万一，他把最出色的将军们都安排在了儿子的身边，而把那些他不太信任的将领留在自己的身边。他的精心布置刚刚完成，大战便一触即发了。

很快，腓力二世便不担心亚历山大所率领的部队了。虽然此时的亚历山大还很年轻，但他表现得极其勇敢、冷静和果断。最终，他率领着他的部队凯旋而归。为了不被自己的儿子超越，腓力二世不得不亲率大军去取得更大的胜利，最终，腓力二世大获全胜。正是此战的胜利让腓力二世成了希腊诸城邦的霸主。

在亚历山大早年，虽然他已经具有了同龄人所不具备的非凡的决断力和智慧，但是当他的自尊心或是脾气上来时，他也常常表现得自负而顽固。有时，人们会发现亚历山大冲动鲁莽，并且情绪不受控制。他的母亲奥林匹娅丝是一个傲慢、专横的人，她总是和丈夫腓力二世发生争执，或者说腓力二世总是和自己的妻子争吵不断。他们总是相互指责，说对方对自己不忠。最后，在发生了多次激烈争执后，腓力二世休了自己的妻子，娶了另外一个女人，并

罗马帝国时期的圆形浮雕，中间的女子是亚历山大大帝的母亲奥林匹娅丝。这种圆形浮雕在罗马皇帝卡拉卡拉时期很流行，之所以出现这种情况，是因为卡拉卡拉自诩为奥林匹娅丝的后裔

且为这次婚礼安排了一场盛大的宴会。亚历山大也出席了这次宴会。然而，在宴会上发生了一件事，鲜明地展现了他冲动鲁莽的性格。

宴会上，有个叫阿塔鲁斯的宾客不断地恭维新王后。但在亚历山大看来，他这是在侮辱自己的母亲，贬低自己的出身。于是，亚历山大的愤怒瞬间爆发了，拿起酒杯砸向这个人的头，而阿塔鲁斯也不甘示弱，同样拿起酒杯向亚历山大扔去。此时，围桌而坐的宾客们都站了起来，一场骚乱随即发生。

婚宴良好的秩序和融洽的氛围被打破了，腓力二世十分愤怒，拔出宝剑冲向亚历山大，但被什么东西绊了一下，摔倒在地。亚历山大蔑视地看着摔倒的父亲，大声嘲弄道："瞧呀，这个统率着希腊各邦联军的大英雄怎么连路都走不稳，居然摔倒在地了。"说完，他便转身离开了大殿，之后不久，他就和母亲站在同一战线，并和她一起离开了马其顿，去了母亲的母邦伊庇鲁斯。在伊庇鲁斯，这对母子一度与身为丈夫和父亲的腓力二世公开作对。

也正是在这个时候，腓力二世计划远征亚细亚。此时，他已经稳定了后方，把马其顿治理得井井有条，将希腊诸城邦糅合成一个强大的联盟。他征集各城邦军队，组建了一支勇猛的远征大军，并取得了它的领导权。他准备全身心地投入到这次伟大的征程中。此时，他年富力强，精力旺盛；此时，他的王国繁荣昌盛，蒸蒸日上；此时，他已经到达了权力的巅峰，确立了对希腊各城邦、各王国的统治权；他雄心勃勃，内心充满希望；他刚刚娶了年轻貌美的妻子，欢乐、祝福和喜悦围绕着他。然而，对他而言，他先前所取得的成就和荣耀，只是他即将开创的宏图大业的开端和序曲，他期待能有一场举世瞩目的盛举。而一直以来，他的儿子亚历山大都是他的骄傲。在这场伟大的征战中，他需要儿子助他一臂之力。

此时，亚历山大既急切又激动，再也没有耐心等到自己登上王位的那一刻了。他渴望获得荣耀，但现在只能羡慕地望着父亲的位置，嫉妒他即将获得的荣耀。在之前那场父母的争执中，他之所以快速地站在母亲一边，有一个原因便是他觉得父亲已经成为他建功立业的绊脚石。在亚历山大的内心深处，他觉得自己的能力和力量都足以取代父亲。他要自己掌握权力，获取属于自己的荣耀，而这次远征的希腊联军便是他掌握最高权力、获取最大荣誉的关键。但只要他的父亲国王腓力二世还在世，他就只能是王子，没错，哪怕他再有影响、有能力，再受大家拥戴，他也依然无法获得独立自主的实权。而他的父亲正值壮年、精力旺盛，可能直到许多年后，他才能摆脱现在这种束手束脚的从属地位。一想到这里，他就焦躁不安。然而，突然之间，因为发生了一件出人意料的事情，他的所有焦虑和不安都迎刃而解了，然后在很短的时间里他便得知自己将继承父亲的王位，成为马其顿的新国王。

第二章

亚历山大登基为王

精彩看点

腓力二世与奥林匹娅丝和亚历山大母子和解——奥林匹娅丝和亚历山大回国——盛大的婚礼——婚礼的预备——贵重礼物——结婚庆典——竞技和游行——诸神雕像——军队大游行——腓力二世现身——突发事件——腓力遇刺——亚历山大宣布继位——亚历山大演讲——德摩斯梯尼的“反腓力二世宣言”——希腊人被怀疑——波斯人被怀疑——亚历山大的地位——亚历山大的计划——惩罚谋杀者——亚历山大的第一个行动——帕米尼奥——希腊南部诸城——雅典和科林斯——底比斯——斯巴达——腓力的征战——亚历山大向南进军——温泉关——联邦同盟议会——进军塞萨利亚——亚历山大的性格特点——塞萨利亚人加入亚历山大大军——亚历山大列席同盟会议——列奥尼达斯和斯巴达——列奥尼达斯之死——斯巴达人的英勇——亚历山大统率联军——返回马其顿

最终，亚历山大继承了父亲腓力二世的王位，但这个过程实在出人意料。当时的情况是这样的：

国王腓力二世清楚地意识到，如果他想要顺利开始这次伟大的亚洲征程，他就必须同奥林匹娅丝和亚历山大和解。不仅是因为他期待亚历山大能在远征中助他一臂之力，而且更为重要的是，把这样一个对自己充满敌意和仇恨的儿子单独留在自己的王国是件非常危险的事。

因此，腓力二世派人给奥林匹娅丝和亚历山大送去了和解的充满善意的书信。当时母子二人已经去了伊庇鲁斯，奥林匹娅丝的哥哥正是伊庇鲁斯的国王，而她的朋友和家人也都住在那里。一开始，伊庇鲁斯国王被腓力二世对待自己妹妹的态度激怒了，但腓力二世通过不断协商和书信往来，慢慢地平息了伊庇鲁斯国王的愤怒。最后，腓力二世还把自己的一个女儿嫁给了他。这场纷争总算落下了帷幕，而奥林匹娅丝和亚历山大又回到了马其顿。而此时，这里正在为腓力二世的女儿准备一场盛大的婚礼。

这桩婚事是腓力二世促成的。他除了要安抚他的前妻和儿子，并和伊庇鲁斯国王建立良好的关系外，他还准备在这个隆重的场合给予希腊诸城邦的国王、贵族和将军们无上的荣耀。因此，他特意准备了这个豪华、漫长的婚礼，并广邀希腊诸城邦的国王、贵族和将军。

与此同时，希腊诸城邦的贵族和知名人士也都送来了贺礼。他们似乎都想在这场豪华的盛宴上讨好腓力二世。实际上，他们是带着私心而来的，因为腓力二世此时已经是希腊大军的最高指挥官了；他将率领这支大军远征亚洲完成这一伟大壮举后，他必将达到他权力的巅峰，他的影响力也必将大大地增强；所以，各城邦都渴望参加这场辉煌的远征，从而获得更多的权力和荣誉。于是，所有人都在投其所好，极力恭维腓力二世。要知道不久之前，他们还在与腓力二世剑拔弩张地对抗；但现在，当腓力二世确立了他的无上权威之后，他们便都转而为他效力，帮助他扩张势力了。

腓力二世当然不会去谴责这些人的虚情假意。实际上，他对他们也没付出什么真情实感。给他们一些好处只是腓力二世的一种手段，他想通过这种方式将他们变成自己攀往权力和荣誉的最高峰时的垫脚石。同样，他们对腓力二世的期待也是这样——借助腓力二世获取更大的权力和荣誉。然而，表面上他们的友谊又是如此真挚而热烈。

有些城邦为他送来了做工精美、价格昂贵的金王冠，还有些城邦派来使者向他表示祝福及表达远征必胜的信心。雅典——当时整个希腊文学与艺术的中心——派人献上一首诗歌，这首诗歌将远征希腊的壮举提前描绘了出来。诗歌中的腓力二世当然是大获全胜。他率领大军一路前进，越过了艰险的道路、峡谷，击败了数目众多的敌军，取得了意义非凡的胜利，获得了亚洲所有的财富和权力。不过，为了对这首诗歌作出公正的评价，我们必须指出一点：因为描绘场景是虚构的，所以诗歌中所刻画的腓力二世和波斯国王的形象也是虚构的，甚至连名字都是虚构的。

最终，这场盛大、奢华的婚礼在马其顿的一个城市举行。婚礼盛典中还安排了竞技表演、军队及公民大游行。成千上万的观众聚集到这里，一同见证了这场盛典。在游行队伍里，还有一支由各种神像组成的队伍。希腊神话中

《十二主神之会》，拉斐尔绘

十二主神的雕像极其精美，立于高高的基座之上，香炉、香料摆在周围。雕像一出现便吸引了大量的人，他们围在雕像周围，举行各种虔诚的祭礼。此外，还有第十三尊雕像，比那十二尊主神像更宏伟，代表了被神化的腓力二世的雕像。

乍一看，我们会认为这是对神的亵渎。其实不然，因为古人所崇拜的神，正是一些被神化的英雄和国王。他们生活在更早的年代，因为杰出的功绩而被人们称颂，在混沌的时代，经过口耳相传的演变最终升格为神。这些神化的英雄们满足了人们对神灵的所有想象。所以在当时，把一位君主奉为神明并不为过。当时，人们仰视这尊神化的国王雕像时，胸中流淌的正是崇敬和敬畏，如同对古代英雄一般。

紧跟在这群雕像后的是军队的游行队伍了。游行队伍簇拥着身着盛装、佩戴荣誉徽章的君主、贵族、使者、统帅和各城邦的高级将领。士兵们吹着军号，高举旗帜；盛装的将军们骑着战马，意气风发。

终于，腓力二世本人也出现了。他身着白色华服，头戴华丽王冠，走在队伍中央。他为自己在队伍中央安排了一片很大的场地，所以可以自由走动。这样一来，他比游行队伍中其他城邦的君主引人注目。他的贴身卫兵们紧随其后，但也与他保持了一定距离。

游行队伍朝着大剧院行进，那里将举行竞技表演，诸神的雕像也会被送到那里，安放在一个醒目的位置供人膜拜。此时，其他雕像都已经放进了剧院，而腓力二世的雕像刚刚搬到门口，腓力二世本人正走在通往剧院的大道上，走向为他准备的场地中央。然而，一件意想不到的事情突然发生了。瞬间，亚历山大的未来及50个城邦的命运便被改变了。当时的情形是这样的：一个站在腓力二世不远处的卫队将领突然穿过国王与众人的隔离区，冲到他身边，在大家都还没有反应过来时，一刀刺进了他的心脏，杀死了他。

接着是无法控制的混乱，刺客被一拥而上的卫兵们乱刀砍死。不过，在刺客临死前，他们发现他是卫队的将领普萨尼亚斯——一个非常杰出的有影响力的将军。其实，他已经为自己准备好了逃生用的马匹和其他工具，但他还没来得及使用，便死在了卫兵的刀下。

这时，一个官员迅速找到了亚历山大，把腓力二世的死讯告诉了他，同时请求他立刻继承王位。慌乱之中，大臣们急匆匆地召开了会议。最后，在例行的冗长声明中，亚历山大成为马其顿的新国王。接着，作为回应，亚历山大做了一个演讲。所有人都饶有兴趣地盯着这个年轻的国王，他们都想听听他会说些什么。亚历山大还不到20岁，几乎还算是个男孩。然而，在演讲中，这个男孩展现了一个雄心勃勃的男人应有的一切自信和果断。他宣布，他立刻继位，并继续父亲的宏图伟业。他说他将尽全力稳定局势，将局势恢复到他父亲在世时的样子。他还说他希望除了国王的名字之外，这个国家的一切都如同往常一样，没有什么改变。

然而，直到现在，我们依然不清楚普萨尼亚斯刺杀腓力二世的动机。有一种说法认为这次刺杀属于私人恩怨，普萨尼亚斯是在报复腓力二世曾经的轻视。还有一种说法认为，这次刺杀的主谋是希腊诸城邦的某个派系，他们仇视腓力二世，不愿让他统率希腊联军远征亚洲，所以他们煽动普萨尼亚斯刺杀他。著名的演说家德摩斯梯尼就是腓力二世在希腊诸城邦中的敌人代表。为了激起公民反对腓力野心勃勃的远征，为了削弱他的权威，他曾做过多次强有力的演说，这些演讲被称为他的“反腓力二世宣言（Philippics）”。而“Philippics”这个词也因此流行起来，成为“强烈抨击”的代名词。

据说，当时德摩斯梯尼正在雅典。在腓力二世遇刺的消息还没有传到雅典前，他就在一次大集会上宣布了腓力二世的死讯。他解释说自己得到了神的启示，所以能预测腓力二世的死亡。于是许多人便猜测，这场刺杀行动很可能是由希腊诸城邦策划的，而德摩斯梯尼也是参与者之一，普萨尼亚斯只是这个计划的执行者而已。德摩斯梯尼如此相信这场刺杀会成功，并且为之欢呼雀跃，以至忍不住提前公布了这个消息。

另有一种说法认为这是波斯人策划的一场谋杀。他们

德摩斯梯尼在练习演讲，法国油画家安东尼·勒孔特绘

重金收买了普萨尼亚斯，让他刺杀即将远征的腓力二世。但无论如何，由于普萨尼亚斯当场被杀，他杀人的动机就永远成了谜。

就这样，亚历山大突然登上了当时希腊最显赫的王位。他继承的不仅仅是马其顿的王位——虽然对于像他这样的年轻人来说，这已经算是一个至高无上的地位了，更重要

刻有腓力二世头像的马其顿货币

的是，马其顿只是腓力统治下的一小部分。经过不断扩张，他已经控制了整个希腊，甚至还准备征服亚洲。现在，亚历山大继承了这一切。眨眼间，这个年轻人便成了举世瞩

目的焦点。所有人都想知道，亚历山大会选择继承他父亲的遗志，继续开疆拓土、远征亚洲，还是选择留在他的马其顿，安安稳稳地做个国王。

在当时情形下，许多谨慎的人都会劝告年轻的国王选择后者。但亚历山大从未想过要抑制自己的雄心壮志，最后他决定继承父亲的全部衣钵——不仅是他已经打下的江山，还有他那场早已计划好的雄心勃勃的远征。

亚历山大首先要做的便是惩罚刺杀他父亲的人。他下令调查刺杀事件，审讯所有与普萨尼亚斯有联系的人——无论是证据确凿的还是只是捕风捉影的。虽然已经无法完全查清谋杀者的计划和动机了，但最后他还是查出了其他参与刺杀的人，并判处他们死刑，然后公开处决。

接着，亚历山大保留了对腓力二世时代所有重要官员的任命，依然把全部政务交由他们处理，这是一个非常明智的决定。在先王去世、新王登基后，新的国王常会提拔许多积极热情的年轻人，用他们取代先王任命的那些资历很深的官员，但是年轻人缺乏经验、能力不足，而且容易骄傲自负。因此，亚历山大依然留用他父亲选用的官员，尽力维持他父亲时代的权力格局。

在这些官员中，有两个人深得腓力二世的信赖，他们是安提帕特和帕米尼奥。安提帕特负责行政，而帕米尼奥主管军事。此时，帕米尼奥已经快 60 岁了。他是一个非常了不起的将领，亚历山大也非常依赖他的军事才能，一如他父亲那样信任他。而帕米尼奥也欣然接受了年轻国王的领导，几乎追随了他一生。这样一个年长的、杰出的、阅历丰富的老将居然愿意听从一个男孩的指挥，似乎很匪夷所思，但亚历山大的天赋才华，以及他自信的性格，总能激发人们的热情，让人们心甘情愿地为他效命，辅佐他建功立业。

马其顿位于希腊北部，而希腊最富饶的城邦都位于希腊南部。其中，最著名的是宏伟壮观的雅典城。它那金碧辉煌的城堡正好修建在市中心的石山顶上。雅典是当时希腊文学、哲学和艺术的中心，也是整个西方文明中最具吸引力的地方。还有科林斯，它两边临海，位于环境优美的地峡之中，这是一个以娱乐享受而闻名的地方。这里格外奢华，各式各样的享乐方式应有尽有。在亚历山大所处的那个年代，两个城邦早已闻名遐迩，世界各地的人们趋之若鹜：那些渴求知识与艺术的人都涌向了雅典，而那些追求享受、放纵人生的人则视科林斯为乐土。

品达的雕像

相对于雅典和科林斯，底比斯更靠近北方。它地处高原，与所有古代城池一样，筑有坚不可摧的城堡。这时，底比斯由腓力二世派遣的马其顿军队驻守。底比斯城非常富裕、强大。这里曾诞生过许多诗人、哲学家及一些名人，其中就有希腊抒情诗人品达。在亚历山大时代的一两百年前，他就已经名扬四海了。现如今，他的后代依然居住在底比斯，亚历山大在继位不久便授予了他们家族至高的荣誉。

还有著名的斯巴达，这里几乎全民皆兵，以崇尚武力而闻名。居民皆体魄强健、勇猛无畏。所有社会活动和教育都围绕着一个主题展开，那就是如何培养年轻人不屈不挠的精神和坚韧不拔的毅力，如何让年轻人拥有军人的气魄和骄傲。

这些城邦再加上南部其他城邦，以及它们的附属城镇，共同构成了一个辽阔而繁荣的区域。该区域一直延伸到马

埃德加·德加所绘油画《斯巴达少年进行军事训练》，反映了斯巴达尚武、彪悍的民风

其顿以南的希腊诸城邦。但是如前所述，腓力二世最终确定了他在希腊诸城邦中至高无上的霸权。当然，为了取得霸权，他历尽了艰辛。其间，既有战争也有谈判。现在，亚历山大并不确定这些城邦的统治者是否能接受由他继承父亲腓力二世对他们的霸权。现在，他初登大位，年轻尚轻，无法与他的父亲，那个顽强的君主及其将士相提并论，况且至高无上的霸权是父亲费了九牛二虎之力取得的。如果他们不承认，他该怎么办？是主动放弃权力，还是派出使者向各城邦宣示他的继承权，抑或什么都不做，只是待在马其顿，静待各城邦的商议结果？

最终，亚历山大没有采用上述的任何一种方法，而是亲自率领马其顿大军向希腊南部挺进，以便向各城邦展示自己的力量。如果有必要，他打算用武力迫使它们承认他对父亲所有权力的继承。整体来看，这可能是亚历山大一生中最大胆和果断的决定了。马其顿的许多大臣都警告他不要这样做，但他没有把这些警告放在心上，而是我行我素，召集军队，然后率领大军向希腊南部进发。

马其顿和希腊南部各城邦之间横亘着一片陡峭的、难以翻越的崇山峻岭。它横贯整个希腊腹地，而在它东面的峭壁旁，便是那条通往希腊南部的主干道。该道路的最狭窄处便是温泉关。它位于悬崖和大海之间，是通往希腊南部的必经之地。该道路的北侧，温泉关附近，有个名为安西拉的城镇。

当时，希腊诸城邦会时不时举行联合会议来解决各城邦之间出现的问题和纷争。该会议被称为“联邦同盟议会”，是由一个叫安菲克堤翁的国王提议搞的。会议的地点不是在温泉关，就是在安西拉。这次，各城邦就亚历山大的事情在温泉关专门召开了会议。由于地点在主干道附近，能够有效沟通南北，所以各城邦都同意在这里开会。

在向南部进发的过程中，亚历山大首先抵达塞萨利。它也是一个强大的城邦，位于马其顿的正南方。刚进入塞萨利时，亚历山大遭遇了一些抵抗，但这些抵抗很快就烟消云散了。这个年轻人展现出来的勇敢无畏和果断决心征服了塞萨利人。塞萨利人对他印象深刻，非常喜欢他。亚历山大的言行举止坦率得体，对人慷慨，待人真诚，自信独立，谦虚谨慎，这些高贵的品质让所有见过的他的人都为之倾心，乐意与他交往。一般来说，人们都愿意拥戴优秀的领袖，平凡的人都愿意服从在他们眼中能力出众、有影响力的人。的确，优秀的领袖会让他们充满信心，而亚历山大便是这样的领袖，他不仅拥有良好的品质，还极富魅力和吸引力。于是，他很快就收服了此地的人心。塞萨利人都投靠了他，并真心地拥戴他。

塞萨利人热情接待了亚历山大和他的军队。他们表示愿意接受亚历山大的领导，承认他所有的权力。他们还加入了他的部队，与他一道南下，朝温泉关行进。

在温泉关，一场同盟会议开始举行，而亚历山大也参加了大会。当然，他是众人普遍关注的焦点，大会上，他给人们留下了深刻的印象。会后，亚历山大继续南下，此刻，与他同行的除了他自己的军队，还有支持他的城邦国王、贵族及其部下。

当年轻的国王率军进入温泉关时，他显得特别兴奋。温泉关是军事重地，它与军人的荣誉紧密相连。大约 150 年前，斯巴达国王列奥尼达斯正是率 300 名斯巴达勇士在这里阻截了强大的波斯大军。一开始，在列奥尼达斯的指挥下，联军暂时拦住了波斯大军。这里极其狭窄，而且位于悬崖和大海之间，优越的地势可以让他们“一夫当关，万夫莫开”。然而，波斯大军派出一支部队，通过一条小

列奥尼达斯在温泉关，法国油画家雅克 · 路易 · 大卫绘于 1814 年

径越过了群山，最后绕到了希腊联军的后方。察觉此事后，列奥尼达斯马上命联军撤退，而他自己则率 300 名斯巴达勇士死守峡谷。

列奥尼达斯很清楚，他们并不能击退敌人或者守住通道，他和他的勇士们最终会力战而亡，而波斯侵略者们则会蜂拥而上，踩着他们的尸体通过，但他觉得，既然自己率军在这里驻守，军人的荣誉便要求他绝不能轻易离开。战斗开始了，他，联军的统帅，斯巴达的国王，300 勇士的统领，冲锋在前，自然成了第一个阵亡之人。他阵亡后，他的勇士们围在他的身边，尽可能地保护他的遗体。最终，300 勇士寡不敌众，淹没在波斯大军的人海之中，只有一人侥幸活了下来，并最终回到了斯巴达。后来，人们在此竖起了一座纪念碑，碑上写道：

旅行的人啊，
如果你到了斯巴达，
请转告那里的公民：
我们阵亡于此，
至死恪守着我们誓言。

亚历山大穿过这条峡谷，挥军南下，剑锋直指雅典、底比斯和科林斯。在科林斯，希腊诸城邦的君主和贵族再次召开同盟会议。这时，亚历山大把他的个人魅力发挥得淋漓尽致，给所有与他交往的人留下了深刻的印象。正是在这次会议上，亚历山大实现了他的雄心壮志——最终，强大的联盟选择了他这位年轻的国王为首领，让他领导这次伟大的远征。这充分表明了他拥有常人难以企及的卓越品质和领导能力。接着，亚历山大凯旋而归，从南方返回了马其顿。之后，他立即致力于治理内政，以便把一切都准备好，解决所有后顾之忧，然后开始他那梦寐以求的伟大征程。

第三章

亚历山大平叛

精彩看点

哈伊莫司山系——色雷斯王国——希柏鲁斯河——多瑙河谷——北方部族叛乱——亚历山大北伐——北风之神——山里的战斗——负重的战车——亚历山大获胜——多瑙河口——亚历山大设法渡过多瑙河——准备工作——渡河——登陆上岸——征服北方各邦——亚里山大返回马其顿——底比斯叛乱——包围城堡——亚历山大突然出现——围困底比斯——底比斯人拒绝投降——袭击城市——挖战壕——打开缺口——底比斯人投降——攻占城池——悲惨场景——攻陷底比斯——大量伤亡——底比斯被毁——不同的处置方式——亚历山大的宽容——赦免品达的后人——获救的人数——德摩斯梯尼的努力——男孩变成男人——所有的不满消失——毁灭底比斯的威慑力——返回马其顿——庆祝胜利

当时，马其顿和其他几个希腊城邦临近色雷斯地区。该地区的北部是连绵起伏的群山，也就是现在的巴尔干山系，当然在亚历山大所生活的那个时代，它被称作“哈伊莫司山系”。哈伊莫司山系地势险峻，从黑海一直延伸到亚得里亚海。

哈伊莫司山系中有条叫罗多彼的山脉。该山脉地处哈伊莫司山系中部，一直向南延伸，将马其顿与另外一个强大的部族——以骁勇善战、粗狂好斗而著称的色雷斯人分隔开来。色雷斯地处肥沃的山谷，地势四周高中间低。从山上流下来的溪水和天上降下来的雨水都进了流经盆地中央的希柏鲁斯河里。希柏鲁斯河蜿蜒向前流淌，最终汇入了爱琴海。

哈伊莫司山系成了马其顿和色雷斯的天然分界线。如果我们站在最高峰向北远眺，会看到一片开阔的土地，这是世界上最宽广、最肥沃的河谷之一——多瑙河谷。在亚历山大时代，肥沃的多瑙河谷被一群希腊人和罗马人中的野蛮部落占据着。遗憾的是，这些部落没有文字，从而没有留下典籍，致使我们无法研究它们的历史文化。不过，通过它们的宿敌，它们的一些情况我们还能了解到。从那些流传的故事里，我们可以确定这些部落没有开化，野蛮好战，唯一能让它们屈服的是强大的武力。

返回马其顿不久，亚历山大就觉察到这些部落意欲谋反。腓力二世曾经征服过它们，并让它们维持了一段时间的和平。当然，这种所谓的和平常常是希腊人和罗马人通过武力征服强加给对方的。此刻，它们听说腓力二世——这个可怕的战争狂人遇刺身亡了，而他的继承者还是个不到 20 岁的黄毛小子时，就想给他点儿颜色看看。在这种情况下，亚历山大率领马其顿大军，北上平叛。

首先，他率军平定了色雷斯边境的部分地区。在这里，他并没有遭遇激烈的抵抗。然后，他率领大军来到了哈伊莫司山系，所有将士都满怀敬畏地望着眼前这片崇山峻岭、陡峭的悬崖。

在希腊人和罗马人的神话中，哈伊莫司山系一直是古老的西风之神的宝座。他们相信西风之神就居住在这片风雪凛冽的群山中。西风之神生有一对翅膀，长长的胡子和白色的头发上盖满了雪花，他的“脚”是一条巨蟒的尾巴。当他从空中飞过时，尾巴便上下翻腾。据说，他的脾气非常暴躁。当寒冷的冬季来临，万物萧瑟时，他就会欢呼雀跃，将冰雹、雪花洒遍南部的山谷和平原。这位西风之神——希腊神话中的形象一直留存至今，依然经常会出现在许多西方文学的作品之中。人们甚至会将冬季寒冷的北风比作“西风之神”。

色雷斯人联合了其他城邦，在山谷中集结大军，准备利用地势抵御马其顿大军。据说，他们将一些装满重物的战车推到马其顿大军必经之路的山顶上。当亚历山大的军队从这里经过时，他们就把战车从山顶上推下来，希望以

亚历山大在位期间发行的货币，上面的人物头像为亚历山大。现藏于大不列颠博物馆

此阻止其前进。尽管危险重重，但亚历山大还是命令士兵们继续前进。如果道路宽阔，他就让士兵们紧贴山壁，让开一边的道路，让战车从这里滚下去；如果道路狭窄，他就让士兵们趴在地上，将盾牌举过头顶，用尽全力撑住盾牌，让战车从上面滚过去。虽然有些士兵仍是被砸死了，但这些方法还是有一定效果的，至少他军队的主力没有受多大损失。最后，当敌人的战车消耗殆尽后，士兵们便爬起来，快速冲上去，一手擎着盾牌，一手拿着长矛，准备与敌人厮杀。看到马其顿大军竟然没有被山上滚落的战车砸死，色雷斯人吓坏了，误以为他们刀枪不入，于是就吓得一哄而散。

一路上，亚历山大连战连捷，并率大军继续向东北挺进。马其顿大军翻越了哈伊莫司山系的崇山峻岭，最后来到了多瑙河口。这里有个野蛮部落，其酋长带着家人、下属和军队来到一个叫帕斯的岛上——这个岛正好位于一条湍急的大河中间。亚历山大发现，如果想攻下这座小岛，那么最好的办法就是在河的上游乘船顺流而下，然后再登陆作战。

为了实施这个计划，亚历山大找来所有能找到的船，然后让士兵们登上船。接着，一声令下，士兵们就划着船顺流而下，并试图登陆。遗憾的是，这个计划并不完美，一方面河流湍急，船不好控制；另一方面岸边布满了不断向他们射箭的敌人。当他们快要靠岸时，敌人杀了过来，去往镇子的路上遇到了一场集会。因为王国纷争不断，陷入混乱之中，所以大家便聚集在一起，询问一个预言家他们该怎么办。预言家告诉他们，一辆牛车会给他们带来一个新的国王，这个国王会结束国家的一切纷争。就在这个时候，麦得斯赶着牛车带着父母出现了，众人认为这就是预言家说的牛车，于是他们立刻拥戴麦得斯成为他们的国王。他们把这架牛车当作圣物，将之供奉于宙斯神殿里。戈尔迪用一条皮带将车轭和车杆绑了起来，然后系了一个众人都解不开的结，这就是著名的戈尔迪之结。后来的预言家说，无论是谁，只要能解开这个结，就能成为整个亚洲的王。不过，到现在也没有人能将它解开。

亚历山大非常想去看看这个结，试试能不能解开它，于是，他来到了供奉牛车的神殿，看到了这个绳结。但他发现这个绳结根本就无法解开。于是，他抽出宝剑把绳结砍断了。没有人能说得清这个故事的真假，不过它还是在欧洲一代一代地流传下来，流传了两千多年。现在，我们把用武力解决难题的方式叫做“解开戈尔迪之结”。

终于，希腊大军在戈尔迪乌姆城集结完毕，亚历山大下令开拔，大军朝南进发。一开始的几个星期里，大军一路顺风，沿途的王国、城邦、城市等都望风而降。最后，当亚历山大来到塔苏斯时，一个意外差点儿就终结了他的征途。事情是这样的，因为一些原因，他急切地率军逼近塔苏斯。当时天气酷热，亚历山大又热又累，于是他急不可耐，跳进塞恩达斯河洗了个澡。当时的塞恩达斯河是条很小的溪流，发源于陶拉斯山，流经距山不远的塔苏斯城。这儿的河水冰冷刺骨，亚历山大刚跳下去就被冰冷的河水刺到了。当众人把他拉上岸时，他已经不省人事了，于是，众人迅速地把他抬进了帐篷。亚历山大病危的消息很快就在军营里传开了，大家都以为他快死了，所有人——无论军官还是士兵都陷入了悲痛和恐惧之中。最终，亚历山大还是转危为安了，但一场来势汹汹的高烧持续了很长时间。

生病期间，又发生了一件足以彰显亚历山大独特的个性和魄力的事情。亚历山大的军医是一个叫菲利普的人，他为亚历山大准备了一些有特别疗效的草药，不过熬制草药需要花费很长的时间。就在他准备把药呈到亚历山大面前的时候，亚历山大突然收到了一封帕米尼奥的信。在信中，帕米尼奥说发现波斯人已经收买了菲利普，并要求菲利普趁着他生病的时候在他的药里下毒毒死他，所以帕米尼奥建议亚历山大立刻把菲利普抓起来，并拒绝服用菲利普提供的任何药物。

亚历山大悄悄地把这封信放在了枕头下，没有告诉任何人。当菲利普把药熬好端到他面前时，亚历山大一手拿着药碗，一手拿着那封密信，他把信递给菲利普，说道："看看吧。"而当菲利普读完这封信，抬头看亚历山大时，他发现亚历山大已经把药喝完、把碗放下了，脸上正带着完全的信任和无畏的表情。

有些人认为是因为当时亚历山大仔细地观察了军医读信时的表情，通过表情判断出了这个军医究竟是有罪的还是无辜的；也有人认为，这个行为表明了他对身边人的极度信任，以此证明无论在何种情况下，他都不会怀疑战友的忠诚。不管怎样，此举让菲利普感动不已，而亚历山大最后也康复了。

军医菲利普为亚历山大治病，亨里克·西莫瑞德兹绘

现在，亚历山大已经越过了整个小亚细亚，收服了此地的所有王国、城邦和城市；现在，他要朝着另一片区

域——叙利亚和巴勒斯坦进发了。叙利亚和巴勒斯坦位于地中海东岸，要想进入这片领土，他就必须穿过大海与群山间狭长的伊苏斯平原。而正是在伊苏斯平原，他的大军与波斯大军的主力狭路相逢了，一场大战一触即发，而这场大战就是我们下章要讲述的伊苏斯大战。

第六章

战胜大流士三世

精彩看点

大流士三世对亚历山大的看法——准备迎战亚历山大——希腊雇佣兵——卡瑞蒂姆的劝告——大流士三世对卡瑞蒂姆的不满——处死卡瑞蒂姆——大流士三世挥霍无度的军队——崇拜太阳——王室卫队——常胜军——大流士三世的外表——大流士三世奢华的衣着——大流士三世的后宫——大流士三世迎战亚历山大——伊苏斯平原——陶拉斯山脉——大流士三世行军路线——伊苏斯的位置——两军擦肩而过——斥候先锋——夜晚扎营——大战前夕——庄严神圣的场面——打败波斯人——大流士三世逃亡——大流士三世的母亲妻儿被俘——悲痛的被俘贵妇们——亚历山大的仁慈宽厚——赫费斯提翁——亚历山大探望王室贵妇——认错人——亚历山大的胆识——战死的波斯人数——获取大量财宝——谈判——亚历山大回应大流士三世——希腊俘虏——底比斯使者——亚历山大继续征程

到目前为止，与亚历山大对阵的都还只是波斯的将军们，而不是他们的国王大流士三世，而在开始的时候，大流士三世也小看了亚历山大远征的决心。或许在他眼里亚历山大还只是个乳臭未干的小孩。在给小亚细亚驻军的命令中，大流士三世还命他们抓住这个年轻的傻瓜，把他五花大绑押到波斯来。不过，当亚历山大征服了小亚细亚的一些城邦后，大流士三世才意识到这个年轻人绝不是他口中的傻子，想抓到亚历山大没那么容易。

因此，大流士三世立刻召集起了一支庞大的军队，打算亲自前往地中海会一会亚历山大。他从波斯各行省召来了大量部队。此外，他的军队中还有很多招募自小亚细亚的希腊人以及一些希腊雇佣兵。这些雇佣兵本身就是为了钱而打仗的，所以可以为了更高的报酬而加入其他部队。

另外，还有一些希腊人在大流士三世的王廷中担任官职，其中有一个叫卡瑞蒂姆的人向大流士三世提出了中肯的劝告。他认为，在面对像亚历山大这样的强敌时，这些华而不实的准备，以及这支像游行队伍一样的军队，不会起到任何作用。卡瑞蒂姆说道："可能我的坦白会惹您生气，但如果我现在不说，迟了就来不及了。您这些华而不实的准备，以及您这支虽然人数众多但鱼龙混杂的军队，只能吓唬一下您周边那些小国而已，但面对亚历山大和他的将士，将毫无用处。您的军队看起来气势弘大，没见过的人根本无法想象它的华丽，但这种炫耀根本吓不住希腊人。他们不会在意您的队伍多么华丽、多么壮观，他们只会在乎士兵手中的长矛是否锋利、您的军纪是否严明、将士们是否能吃苦耐劳。您这支看起来奢华无比的军队只会让他们蔑视，他们甚至会觉得打败这种军队并不是什么值得骄傲的事情。虽然他们白天在不辞劳苦地行军奔波，晚上又睡在又冷又硬的地上，虽然他们的食物是粗茶淡饭，他们甚至在忍饥挨饿，但他们每个人的内心都是骄傲的、强大的。他们根本不向往什么奢华安逸的生活，他们最瞧不起的就是软弱娇气的人。您这支奢华的队伍是很耀眼夺目，但是您既没有锋利的武器，也没有勇猛的士兵，面对真正的勇士，您没有任何胜算。所以对您而言，拿这些金银珠宝去招募一些真正的勇士才是上策。不过您应该也知道，真正的勇士是拿钱换不来的。"

参加色雷斯之战的马其顿士兵

最终将他们逼回了河里。在这种情况下，亚历山大不得不放弃了登岛的打算，并改变了在这里渡河的计划。他率领大军离开这里，到更远的上游渡河，从而将这场战争推向了北方部落的中心地带。

想要让庞大的军队和战马安全地渡过宽阔而湍急的河流，本来就是十分困难的，加之北方的部落不是运走就是毁掉了所有渡河工具，并且在河对岸驻扎大军，准备利用多瑙河的天堑，想尽一切办法阻拦马其顿大军，于是渡河就变得更加困难了。但亚历山大还是下定决心从这里渡河。在古代希腊和罗马，能够横渡多瑙河，尤其是率领这样一支庞大的军队渡河，是一件了不起的事情。多瑙河水流湍急，河面宽阔，一眼望不到尽头。对岸遍布虎视眈眈的敌人。就算大军成功渡过了急流，并登上对岸，危险还是不会结束，因为一方面他们要深入未知的蛮荒地带，另一方面身后的急流将阻断他们的退路。因此，现在是最考验大军统帅的信心、勇气和决断的时刻。

亚历山大把上下游所有能用的独木舟和小船都找来，用它们建了一个巨大的木筏，然后把兽皮缝起来、充上气，绑在木筏四周，以此来增加它的浮力。一切准备就绪后，他选定了一个敌人守备不严的地方，计划在夜里悄悄将士兵运过河。渡河的大军包括 1000 名骑兵和他们的战马及 4000 名步兵。首先渡河的是骑兵，骑兵在他们的战马脖子上系上缰绳，自己牵着缰绳的另一端；负责划船的士兵则慢慢地划着木筏，划向对岸；接下来是步兵，他们带着所有武器装备成功抵达了对岸。天亮之前，大军顺利渡过大河，在一片谷地里成功登陆。

就像之前亚历山大率军冲上哈伊莫司山系的故事一样，这次登陆事件也常被后世史学家们提及。从这点也可以看出，从某种意义上说，当时的北方部落并不完全是我们今天所指的野蛮人，他们有一定的农耕文化和建筑艺术，而且通过他们与亚历山大的战争，我们也可以看出他们是受过严格训练、纪律严明的军人。

为了方便骑兵的冲锋，亚历山大下令扫平田里的庄稼。黎明时分，他便率领大军突袭了敌人。看到亚历山大大军突然从天而降，他们惊呆了。接下来的结果便在预料之中了，亚历山大的大军迅速击败了这些野蛮部落，占领了他们的城池，还缴获了大量战利品——这些战利品被分给了出生入死的将士们。邻近的城邦、部落都被亚历山大所展现出的勇气和魄力震撼了，纷纷向他递交了降书。为了避免他们再次反叛，亚历山大又让他们送来了人质。之后，大军便再次渡过了多瑙河，返回了马其顿。

他回来的正是时候，仍然有一些希腊南部的城邦——斯巴达和其他一些城邦都在反对他继承他父亲的权力。之前，亚历山大率军开往南部诸城邦的时候，这些反对派不敢站出来公开反抗，但当他回到马其顿后，他们就开始蠢蠢欲动了。当他们听说亚历山大要率军渡过多瑙河、征战北方时，反对派便觉得他们的时机到了，于是开始公开反对亚历山大。

底比斯城首先叛乱。之前，亚历山大曾征服过它，还派军队驻守在一个叫卡德墨亚的城堡里。但驻守城堡的军官们以为这里很太平，不会发生什么意外，于是就让士兵留在城堡里，他们自己则居住在城镇里。就在此时，反抗亚历山大的叛乱爆发了，叛乱分子杀掉了驻守军官，要求驻军投降。驻军拒绝投降后，底比斯人便包围了城堡。

这次大规模反抗亚历山大的叛乱，很大程度上是大演说家德摩斯梯尼的杰作。他不遗余力地号召希腊南部诸城邦共同推翻亚历山大的统治。在雅典，他到处演讲，鼓动雅典人加入反亚历山大的阵营。

当时的情形是这样的：底比斯人不知从哪里获悉了亚历山大在北方阵亡的消息。他们猜测即使这个消息是假的，亚历山大现在也一定陷入了北方的战争泥潭无法脱身。可就在此时，亚历山大却率领马其顿大军突然从北方杀来，包围了底比斯城。亚历山大开始掌权后所采取的一系列行动——尤其是他这次突然出现在底比斯镇压反叛——无不反映出了他非凡的能力与魄力。

底比斯人被亚历山大的魄力和决断震慑住了。此时，底比斯已经陷入了混乱、恐慌之中。但后悔已经来不及了。对现在的他们而言，似乎除了奋力抵抗外便别无选择了。他们封锁城池，准备抵抗到最后一刻。

离开演讲台的德摩斯梯尼，沃尔特·克兰绘

亚历山大绕到了城池的南边，在那里建起他的指挥部，这样他便可以有效地切断底比斯与雅典及其他南部城邦的联系了。他命军队分散开来，把城池团团围住。一切准备就绪后，他并没有马上发起进攻，而是给城里的底比斯人留下了最后的投降机会。他宣布如果底比斯人肯投降，将既往不咎。然而，在这种情况下，底比斯人认为，他们唯一的机会就是奋起抵抗，因此他们拒绝投降。于是，亚历山大决定发起进攻。

亚历山大以他特有的魄力和决断，迅速准备好一切，决定以突袭的方式攻入底比斯。面对一座固若金汤的城池，人们一般会采用包围的方式来对付它。有时，包围的时间还很长。城内的军队有高墙作为掩护，居高临下的优势十分明显，士兵可以站在城墙上攻击来袭的敌人；而攻城者一般会先封锁各个出口，切断城内补给，然后建造大型的武器装备，攻破城墙后才能率大军攻入城中。所以，攻城一般需要花很长时间。

双方力量的对比决定了攻陷被围城池的时间。当然，更重要的还是攻城者的决心和魄力。在战争中，一支军队如果要想攻下一座固若金汤的城池，那么便需要花费大量的时间来挖战壕。战壕一半在地上、一半在地下，一直要挖到距离城墙足够近的距离后，才能开始架设投石机，这样，投出的巨石才能给城墙造成破坏。攻城前还要再等段时间，让城里的将士在疲惫、慌乱、仓促中做出错误决定。

当攻城命令下达时，最勇猛彪悍的士兵便冲锋在前，率领众人攻城。此外，需要把桥架设在护城河上，方便士兵过河，需要把云梯搭在城墙上，方便士兵攀爬。有时，如果守城的士兵看到攻城者准备充分，明白城池无论如何也守不住时，就会在攻城前投降。当然，投降前必须得到敌方不得屠城的保证。当一座城池被攻陷时，最可怕的场景就是整座城顷刻间变成罪恶和杀戮的天堂。

攻城的士兵因为对方长时间的抵抗而被激怒，战斗也激发了他们内心残暴的一面。一旦城池被破，他们就会蜂拥入城。此时，士兵是不受控制的，城内的人——妇女、儿童、毫无抵抗能力的少女——都会成为他们的战利品，任由他们处置。不敢想象城池被攻破后的惨烈景象，哪怕是凶猛的老虎都不会像他们一样疯狂扑向猎物，无情地杀戮同类。

如果一座城池久攻不下，在长时间的围困后，疯狂的士兵常常会选择在某个黑夜破城，这样的突袭顷刻间便会打破城里的平静。最糟糕的是，长期顽强的抵抗激起攻城士兵们心中最强烈的愤怒。因此，当这些士兵破城而入时，烧杀抢掠便不算什么滔天大罪了，而胜利也给了他们为所欲为的权力，让他们可以肆意发泄所有的愤怒。

底比斯城被攻陷了。实际上，亚历山大并没有对它进行漫长的围困。他找到一个很好的机会，从最外围的防御工事进攻，攻入了城中。这种做法是危险的，胜负难料，不过，虽然损失惨重，但他还是成功了。底比斯人被迫撤往内城，所有人都在拼命往里面挤，场面一片混乱。马其顿的士兵们像奔腾怒吼的巨浪一样扑了过去。他们穿过大开的城门，一路杀进城，拼命追赶、砍杀逃窜的敌人。最终，大约有 6000 人死在这场攻城之战中。

现在城门已经关不上了，马其顿的军队在一瞬间便占领了失去防御能力的城市。长达数小时的惨叫、呻吟、痛苦、恐惧和绝望见证了这座沦陷城池的惨状。终于，士兵们冷静了下来。秩序慢慢恢复，士兵们又回到自己的部队中，而亚历山大也开始思考该如何处理底比斯城。

最终，亚历山大决定毁掉底比斯，他想借此给那些同样想要反叛的人一次可怕的教训，一劳永逸地震慑住他们。在他看来，这不是一次普通的战争，包括底比斯在内的希腊诸城邦本来已经承认了他的统治权，而现在底比斯又反叛了，对他而言，这些人不仅是敌人，更是可恶的叛徒，而对叛徒的惩罚就是彻底毁灭他们。

不过，在具体实施这个决定时，亚历山大还是做了认真、谨慎的考虑。他要冷静而理智地对这些人做出惩罚。为了避免引起更大的愤怒和更强的反抗，他决定区别对待这些俘虏。现在，他需要在道德上获得他们的支持，而不是激起他们更强的反抗。根据当时的现实情况，他的做法是很恰当的。首先，他释放了神职人员；接着，他仔细辨别了叛变者和效忠者，并将后者悉数释放；此外，他还格外开恩，如果一个家庭中有一个人是支持马其顿的，那么这份忠诚就能抵消其他家庭成员的反叛罪名。

亚历山大任命的官员在执行这项任务时也十分宽容，他们利用各种理由拯救了很多人的性命。虽然品达——我们先前提到的那位出生于底比斯的著名诗人——的子孙当时也站在了叛徒的一边，但亚历山大还是特赦了他的子孙和亲属。实际上，亚历山大很清楚，只有严酷地惩罚叛变者才能稳固他的地位，但他还是慷慨地宽恕了这些人，他希望借此消除仇恨、愤怒，将苦难降到最低。他并没有去疯狂地报复和摧毁整座城市，而是保护了那些支持自己的人。同时，因为他的克制和宽容，人们对他的道德评价也更加高了。

所有的甄别工作完成以后，那些没有叛变的人便被释放了，其余的则被卖作奴隶——最终，大约有 3 万人变成了奴隶。在接下来二十多年里，底比斯渐渐地成为一片废墟，底比斯城就这样消失在了历史长河中，这也是对亚历山大强悍果决的一次见证。

底比斯的毁灭给其他的希腊城邦带来的影响是显而易见的，如同惊雷一般惊醒了众人。尽管底比斯是当时唯一公开叛乱的城邦，但实际上其他的很多城邦也或多或少地表示了对亚历山大的不满。之前，当亚历山大第一次来到希腊南部诸城邦时，德摩斯梯尼选择了沉默；但亚历山大刚离开，他就开始竭力鼓动诸城邦反抗马其顿，反对亚历山大的统治。在他的演讲中，他把亚历山大称作小男孩，他说雅典、斯巴达、底比斯这样强大的城邦却要臣服于这样一个小男孩。这真是莫大的耻辱。正因为他的煽动，底比斯才决定叛乱。而亚历山大在穿过温泉关时，在来希腊南部的路上也听到了这些话，在摧毁底比斯时，他说道："你们说我只是个男孩，现在，我就让你们看清楚我究竟是男人还是男孩。"

亚历山大确实用行动证明了他是个强悍的勇士，他的所作所为超乎了人们的想象。当大家都以为他与北方蛮族激战正酣时，他却突然出现在了底比斯，并且迅速攻克了它。接着，他又冷静地宣判了它的命运：他谨慎地对待俘虏，区别对待叛乱者和效忠者，但又冷酷地摧毁了底比斯。这一连串的事件让希腊诸城邦意识到，尽管他还很年轻，但他们面对的绝不是一个小男孩。一时之间，所有反对亚历山大的声音都消失了，而且在之后的很长一段时间里再也没有叛乱出现。

亚历山大毁灭底比斯之举给人们带来了巨大的震撼，但他的威慑力并不全是因为人们的恐惧。在这一系列事件中，亚历山大展现出的魄力、冷静、决断、宽容、慷慨、对朋友的信赖等诸多品质，让所有希腊人都心生敬佩。他赦免了所有的神职人员——无论他们是否参与叛乱，这便赢得了所有信徒的支持；他对待诗人子孙后代的宽容态度，也赢得了所有诗人、演说家、史学家、哲学家的心，让这

德摩斯梯尼的雕像，现藏于伦敦大不列颠博物馆

些人也成为他的朋友而非敌人；他没有像大多数短视的胜利者那样颁布残酷的法令惩罚叛徒，而是慷慨地决定，只要家庭里有一人支持他，他便赦免全家，这让所有人都从内心深处感激他的宽宏大量。因此，当亚历山大摧毁底比斯城，把很多叛乱者卖去做奴隶的消息传播开来时，除一小部分叛乱分子的支持者外，大部分希腊人都不憎恨他，反而钦佩他的品质，赞扬他的能力。

亚历山大从底比斯出发，继续南下，各个城邦都派出使者迎接他，恭贺他大获全胜，还表示愿意同他一起远征亚洲。现在，他已经在希腊牢固地确立了自己的权威。接着，他便返回了马其顿，在当时的首都艾吉亚举行了盛大的竞技表演和游行，以此向神祇献祭，向众人表明他在希腊的最高统治权。现在，他终于可以认真地思考远征亚洲的庞大计划了。

第四章

渡过达达尼尔海峡

精彩看点

远征亚洲——关于远征的争论——安提帕特和帕米尼奥反对——安提帕特和帕米尼奥的高瞻远瞩——亚历山大执意远征——准备工作——塞萨利亚——坦佩谷——奥林匹斯山——皮立翁山和奥萨山——亚历山大的慷慨——对钱的态度——宗教祭祀庆典——古老的敬拜——本能的信仰——缪斯九女神——供奉宙斯神——游行表演——亚历山大远征路线——亚历山大出征——特洛伊平原——忒涅多斯岛——艾达山——斯卡曼德河——特洛伊之战——普里阿摩斯妻子的梦——帕里斯的崭露头角——不和的苹果——苹果之争——决定偏向阿佛洛狄忒——公牛的故事——帕里斯返回王国——诱拐海伦——特洛伊毁灭——荷马的描绘——阿基里斯——冥河——阿基里斯的个性——阿伽门农——普特洛克勒斯之死——阿基里斯杀死赫克托——亚历山大前往特洛伊——海神波塞顿——亚历山大登岸——祭祀海神——亚历山大继续行军——亚历山大放过兰普萨库斯——到达格拉尼卡斯

亚历山大刚回到马其顿就立刻开始为远征亚洲做准备。他十分详尽、周密地安排好了各项事务，不管是国内民生还是与周边邻国的关系。在这方面，他表现出了与其年龄不相符的谨慎和成熟。现在，对他而言，远征亚洲的伟大事业应该开始了，他已经迫不及待地想要开始这项伟大的征程了。

他将自己的打算告诉了他的大臣们，大多数大臣都表示支持他。不过，有两个人对此表示怀疑，或者说，他们反对亚历山大的远征计划，这两个人就是安提帕特和帕米尼奥。前面我们曾提到，这两位是受人尊敬的大臣，在之前一直忠心辅佐着腓力二世。腓力二世去世后，他们转而忠心辅佐他的儿子亚历山大。

当然，他们没有直接跳出来反对。安提帕特和帕米尼奥向亚历山大指出，如果他打算现在就开始远征话，那么马其顿就会陷入一个十分危险的境地。因为他现在还没有成家，而这也就意味着他还没有继承人。一旦他发生什么意外，比如死在了战场上，马其顿便会立刻成为不同派系争夺的猎物，每个派系的人都会想方设法地扶持自己人登上王位。这两位睿智且有远见的政治家所持的顾虑是很有必要的。最终，他们一语成谶。后来，亚历山大在亚洲病逝，疆域辽阔的帝国立刻四分五裂，国家陷入了长久的内战和动乱之中。

安提帕特和帕米尼奥建议亚历山大延后他的远征计划。他们说他应该先从希腊各城邦中挑选一位公主做妻子，完成传宗接代的责任，再花几年的时间治理好马其顿，等整个希腊内部的局势稳定下来，他的权威也得到进一步巩固后，再开始他的远征。这样一来，将来他凯旋时，国内的一切仍会井然有序；即使他不幸战死疆场，他的王位也能顺利传承，国内不会出现因王位继承而引发的纷争。

但亚历山大完全不接受这些建议。他已经迫不及待想要开始自己的远征事业了。他指派安提帕特在他离开后统管马其顿的一切军政事务，又命帕米尼奥随他出征。正如我们前面所说，安提帕特是内政大臣，而帕米尼奥是个大将军，一直以来，都是安提帕特管理马其顿的各项内政，而帕米尼奥负责马其顿的一切军务。

为了方便安提帕特镇守马其顿，亚历山大给他留下了大约一万名士兵，不过在那个时代，几乎是全民皆兵的。之后，他便率领着大约三万五千名士兵，浩浩荡荡地开始

亚历山大雕像，现存于伊斯坦布尔博物馆

他的远征。对于这样一场伟大的征战来说，他的士兵似乎太少了。大约一两百年前，波斯国王大流士二世曾率领50万大军入侵希腊——不过，即便如此，最终大流士二世还是被击退了。而现在，即将远征亚洲、报复波斯的亚历山大所率领的军队却不到大流士二世的十分之一。

亚历山大的大军由3万步兵和5000骑兵组成，整个军队中，半数以上都是马其顿人，其余的则来自希腊的南部诸城邦，大部分骑兵来自塞萨利亚。从地图上，我们可以看到，塞萨利亚位于马其顿的南部。它四面环山，位于一座开阔的山谷中。湍急的溪流从山上流下，汇聚成河，河水越来越深，流速也越来越慢，它向平原缓缓流去，成为塞萨利亚的母亲河。

大流士二世雕像

这条河在群山脚下蜿蜒前行，一路向东，最后流入了著名的坦佩谷。山谷的北部就是奥林匹斯山，南部的两座山峰则是皮立翁山和奥萨山。塞萨利亚流传着一个古老的传说：很久以前，有两个巨人住在这里，有一天，为了攻击天上的敌人，他们便把皮立翁山叠在了奥萨山之上。后来，这个神话发展成了一句在欧洲广为流传的谚语——“把皮立翁山叠在了奥萨山之上”，它的意思是为达目的，不惜代价。

塞萨利亚以它的骑兵和战马而闻名，大片山坡为饲养战马提供了优质的牧场，开阔的平原成了骑兵和战马最好的训练场。塞萨利亚的战马在整个希腊都十分有名，亚历山大的战马布西发拉斯便来自这里。

作为马其顿国王，亚历山大拥有广阔的土地和大量财富。这些东西不同于国库的财富，都是他的私人财产。在大军出发前，他把所有的财宝都分给了全体将士，不管他们是否随自己出征。他的做法十分慷慨，但与其说他慷慨，倒不如说他的雄心壮志促使他把自己的财富分给了众人。完成远征的壮举，不仅会给他带来满足感，更会给他带来至高的荣耀，这也是他最大的动力。虽然在本质上这两者有所区别，但通常它们又形影相随，二者都是他所追求的最高人生目标，而其他东西，比如金钱，只是帮助他实现目标的辅助，是他完成目的的手段。他把自己的土地、财富分给众人就是为了拉拢人心，以此达到自己的目的。这不是礼物，而是一项开支，是远征大计中一项庞大的开支。但在所有人眼里，他就是一个慷慨而无私的领袖。当他们问他给自己留下了什么的时候，他的回答是：“希望！”

终于，万事俱备了，亚历山大开始进行出征前的祭祀和游行。在那个时代，开始伟大征程前都会有这样的庆典。很久以来，马其顿一直把祭祀宙斯神和缪斯九女神作为每年的国家庆典，而现在，亚历山大开始着手准备这次盛大的祭祀活动。

在当时的希腊，公众的祭祀活动和娱乐活动是通过一系列的游行和庆典来进行的，祭祀活动本身就是一场盛大的表演，而所有的演出都是以祭祀的形式出现，这是人类的一种本能信仰。在历史上，每逢重大危机或者要开始一项伟大征程，人们总是期待能获得某种来自未知世界的帮助，而不会考虑它是否真实存在。此刻，亚历山大的士兵们即将远离故土，前往遥远的亚洲，进入危险的死亡之地，他们中的一些人很有可能会长眠他乡。古代勇猛的英雄是最好的精神偶像。他们认为这些英雄死后便升格成神，这些像人一样也有喜怒哀乐的神祇就住在群山峻岭之上，分管着不同的人间事务。这种说法，在我们看来似乎没有什么意义，但对他们来说意义重大。他们相信，只要自己真诚地供奉神祇，神祇就会现身赐福于他们。士兵们期待这些神祇能在危急时刻拯救自己，在胜利之时祝福自己。

在这场盛典中，马其顿人像祭祀宙斯一样祭祀缪斯九女神，她们九人能歌善舞，端庄秀丽，姿态优雅。在古人的神话传说中，她们来自北方的色雷斯，去奥林匹斯山参

宙斯是古希腊神话中统治宇宙的至高无上的主神，是希
腊神话里众神中最伟大的神。图为宙斯雕像

拜宙斯的时候，宙斯把她们变成了女神。然后，她们穿过希腊，来到南方，最后留在了帕纳塞斯山。从地图上，我们可以看到帕纳塞斯山在科林斯湾和维奥提亚城的北边。在希腊和意大利，缪斯九女神被当作歌舞女神一样崇拜。之后，她们开始掌管包括历史、天文等诸多文艺——不过在过去，这些文艺形式没有明显的区分，慢慢地发展成了文艺女神。

在马其顿，祭祀宙斯和缪斯的活动持续了九天——“九”代表着缪斯九位女神。为了这次庆典，亚历山大做了精心准备。他搭建起一个能容纳上百张桌子的帐篷，一连数天，在此热情款待了无数的王孙贵族和将军。他向神明献祭，祈求神明保佑他的士兵们。在宴会上，赛马、角斗、长矛格斗、精彩的辩论等各种表演和军事竞技争相举行，极大地鼓舞了士气，激发了将士们的雄心斗志和为了荣耀拼死一战的决心。在追求荣耀的激励下，在相信神明一定

太阳神阿波罗和缪斯九女神，弗朗西斯科·巴尔托洛齐绘

会保佑他们的信心中，亚历山大和他的士兵们告别家乡，踏上了远征亚洲的征途。

亚历山大沿着爱琴海北岸，穿过塞斯托斯和阿拜多斯之间的达达尼尔海峡，从欧洲进入亚洲。首先，他派出了一支由150艘大船组成的船队渡过爱琴海，抵达塞斯托斯，预备将大军运过海峡。与此同时，大军从陆上行进，渡过了北部地区汇入爱琴海的河流。因为这些河流本来就在马其顿境内，所以大军渡河时未受到任何阻挠。当他们到达塞斯托斯时，船队已经在那里等候了。

在亚历山大的身上，不仅有军人的冷静谨慎，还有诗人的浪漫感性。他来到塞斯托斯，看到所有船已经准备完毕，士兵们已安全抵达，而对面的海岸上没有发现敌军的埋伏后，便让帕米尼奥来指挥大军渡过海峡，而他自己则划着一艘小船，进行了一场浪漫的冒险。大军登陆点的南方是一片开阔的平原，这里是特洛伊的遗址。特洛伊在《荷马史诗》中出现过。这些诗在亚历山大少年时曾唤起他无数的浪漫遐想。于是，他决定让帕米尼奥指挥大部队渡过达达尼尔海峡，而他则乘着小船，朝着南边划去，他要在那个少年时曾无数次幻想过的地方登陆。

特洛伊位于平原之上，在《荷马史诗》的描述中，那里曾有一个繁荣强盛的国家，有一座宏伟的城。这座城后来被希腊联军围困了十年之久，并最终被毁灭。不过，在《荷马史诗》里，特洛伊位于忒涅多斯岛——一个远离海岸的岛，在特洛伊城附近有一座艾达山，以及一条斯卡曼德河。这三个地方的名字一直沿用至今，不过那条河又被称作曼德河。如今，我们虽然能在平原上能发现一些零零星星的远古遗迹，但依然无法确定特洛伊城遗址的确切地点。甚至有许多学者坚持认为，可能根本就没有这样一座城市，除那座山、那条河、那个岛以外，其他都不存在，这一切都是《荷马史诗》虚构出来的。

这个故事是这样的：普里阿莫斯是特洛伊的国王，在他的儿子出生之前，他的妻子梦见孩子一出生就变成了火焰，烧毁了王宫。于是，她就把这个梦告诉了巫师，询问这个梦的吉凶。巫师说因为这个孩子是一个不祥之人，将给整个国家带来灾难。可怜的王后吓坏了。为了避免灾祸，孩子一出世，她就把孩子交给了一个奴隶，命令他杀死这个孩子。奴隶很同情这个可怜的小婴儿，不想亲手杀了他，于是把他带到了艾达山，把他放在了森林里，任其自生自灭。

在森林里徘徊的母熊发现了这个婴儿，一种母亲的天性油然而生，于是，母熊把这个人类的婴儿当作自己的孩子来哺育。后来，这个孩子被住在山里的牧羊人发现了，他们把他从母熊那里抢了过来并收养了他，还给他取名帕里斯。也许是那位曾经的母熊妈妈的奶水，给了他野兽般的体魄。后来，帕里斯长得英俊健壮，早早地就展现出了非凡的勇气和魄力。他健硕的体魄充满了男子汉的气概，轻易地便俘获了艾达山女神俄诺涅的心。于是，俄诺涅便嫁给了帕里斯。与此同时，帕里斯也引起了天上其他女神的注意。

后来，奥林匹斯山上将举行一场婚礼，但其中一位女神因为没有收到邀请而怀恨在心，于是，她做了一个金苹果，上面刻着“献给最美丽的女神”，然后把这个苹果悄悄地放在宴会上。她的目的是要让众女神因这个苹果而发

帕里斯和艾达山女神俄诺涅及爱神厄洛斯的雕像，现存于罗马宫殿

生争执。实际上，她的恶作剧并不仅仅是因未被邀请而做出的愤怒之举，因为她本人正是不和女神，最擅长的就是挑起争端。正是因为有了这个典故，所以现在每当朋友间因某些事情而发生争执时，我们都会称之为“引起争端的苹果”。

有三位女神认为这个金苹果应该属于自己，因为她们比别的女神都漂亮。为了得到金苹果，她们决定找帕里斯来做裁判。于是，为了让帕里斯看清楚她们的样子并做出决断，她们相继在艾达山上现身。不过，她们似乎都不太相信帕里斯会做出一个公正的判定，所以她们开始争相贿赂他。一个女神许诺会送给他一个王国，另一个则答应给他至高的荣耀，而第三个女神，也就是阿佛洛狄忒（或者说维纳斯）的承诺则是让全世界最美的女人做他的妻子。最终，他把金苹果给了阿佛洛狄忒，也就是我们常说的美神。不过究竟是因为她真是最美的女神还是因为贿赂的缘故，我们就不得而知了。

一直以来，帕里斯都住在艾达山里，是个单纯的牧羊人，并不知道自己和平原上那个王国有什么关系。在一次竞技中，国王普里阿摩斯要以艾达山上最好的公牛作为奖品，将其送给获胜者，而经过搜寻、对比后，国王的人发现最好的公牛就在帕里斯那里。那时候的国王根本不会考虑贫民的生活，所以他的手下蛮横地抢走了帕里斯的公牛。帕里斯十分愤怒。于是，他假扮王子出现在竞技场里，打败了所有的对手，再次把牛牵回了家。

当帕里斯出现在宫廷里时，他的妹妹，国王的女儿卡珊德拉认出了他，通过与帕里斯交谈，她确定这个年轻人就是她失散已久的哥哥。之前他们都以为他早已离开了人世。国王普里阿摩斯看到了卡珊德拉找来的证据，并相信了她的话。于是，帕里斯便回到了国王身边，而在王国里，他也渐渐地确立了自己的地位和权力。这时，他突然想起阿佛洛狄忒女神曾许诺要将世界上最美的女人赐予他做妻

浮雕上的卡珊德拉，现珍藏于法国卢浮宫

子。于是，他便问女神这个最美的女人在什么地方。

希腊南部有一个叫斯巴达的城邦。斯巴达王墨涅拉俄斯有一个年轻的新娘叫海伦，海伦的美貌远近闻名。帕里斯相信，她就是阿佛洛狄忒说的世上最美的女人，而且根据阿佛洛狄忒的承诺，他理所当然地认为这个女人应该归他所有，所以他可以使用任何手段把她抢过来。于是，他经过长途跋涉来到希腊，访问了斯巴达，并且见到了海伦。接着，他说服海伦离开了她的丈夫，与他一起私奔到了特洛伊。

斯巴达王听说这件事后愤怒异常。于是，他号召所有的希腊人带上武器，和他一起去把自己的新娘抢回来，所有人都响应了他的号召。不过，他们首先给普里阿摩斯送去了一封信，要求他归还海伦，但普里阿摩斯支持自己的

帕里斯诱拐海伦返回特洛伊，马尔滕·海姆斯凯克绘

儿子，回绝了这个要求。于是，希腊人召集舰队和大军，来到特洛伊平原上，并且在特洛伊城周围安营扎寨，围困了特洛伊城，围城长达十年。最终，特洛伊城还是没有逃过被毁灭的命运。

在故事里，引发战争的原因既不可思议但又十分有趣。不过，这并不是亚历山大关注的地方，真正吸引他的是《荷马史诗》里所描绘的英雄们的英勇故事。他们的骁勇善战，他们精彩的冒险经历，他们争斗的起因，他们行事的原则，等等。更重要的是，他们在不同情况下经历到的感动与激情都深深吸引着亚历山大。荷马生动地描绘出了这些人物的抱负、爱憎、骄傲、竞争，以及他们因人性本能而激发出的冲动。

史诗中的人物栩栩如生，每个英雄都拥有与众不同的鲜明个性。阿基里斯就是其中之一。他性情粗犷，作战勇猛，为人冲动，甚至有些残暴凶狠，尤其是面对敌人，更是毫无怜悯之心。传说有一条冥河，河里的水能让人的身体变得坚不可摧，而阿基里斯的母亲在他很小的时候就抓着他的脚，将他的全身浸泡在河里。不过，因为他的脚没有被浸泡过，所以那里便成为他唯一的弱点。在战场上，他是一个可怕的战士，战无不胜。可是，某一次，因为一个微不足道的原因，他和伙伴发生了争执并退出了战场；后来，他们又因为一个微不足道的原因言归于好，而他也重返战场。

阿伽门农是当时希腊军队的最高指挥官。在一次胜利后，希腊联军俘虏了很多人，而这些俘虏会作为战利品分给大家。可是，阿伽门农被迫要归还一个已经分给他的贵族妇人。于是，他抢走了另一个属于阿基里斯的女奴。这件事激怒了阿基里斯，他一怒之下撤出了战场。正因为如此，希腊联军败仗连连，但阿基里斯依然不肯返回战场。

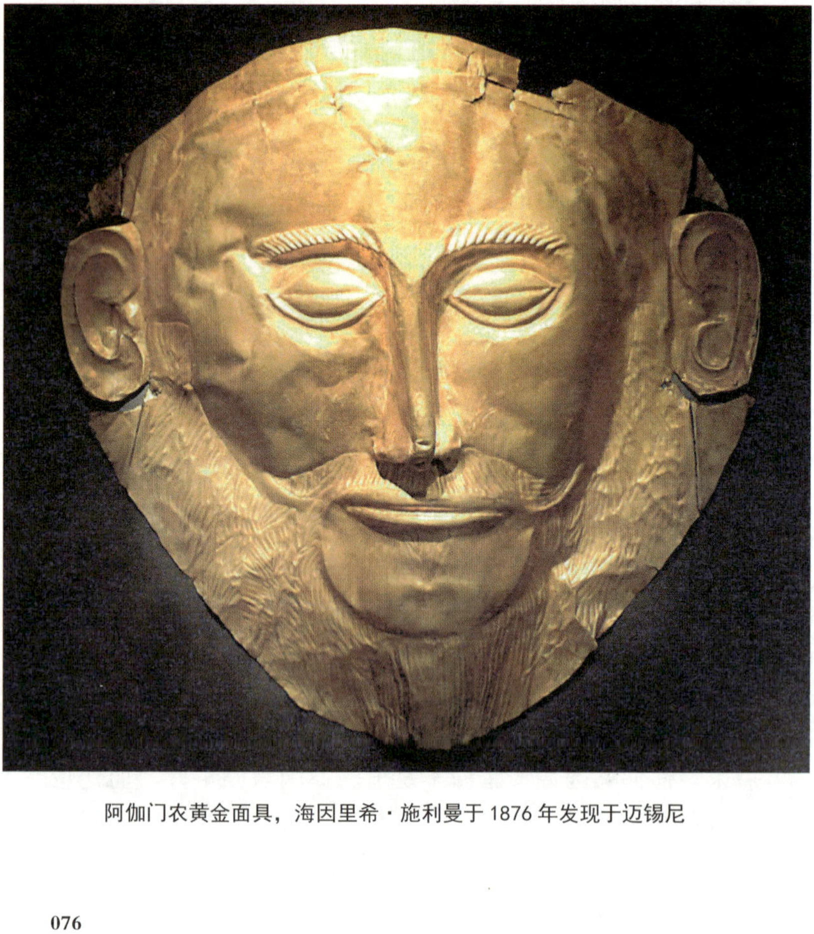

阿伽门农黄金面具，海因里希・施利曼于 1876 年发现于迈锡尼

他尽管拒绝回到战场，但允许他的好友普特洛克特斯穿着他的铠甲出战。一开始，希腊联军在普特洛克特斯的领导下打赢了几场仗，但不久之后，普特洛克特斯就被帕里斯的兄弟赫克托杀死了。普特洛克特斯的死激起了阿基里斯极度的愤怒和复仇的灵魂。于是，他放下了与阿伽门农的争执，回到了战场，杀死了赫克托。为了报复，他还用战车拖着赫克托的尸体绕城一周。最终，他用赫克托的尸体从特洛伊国王那里换来一大笔赎金。

正是《荷马史诗》中所描写的这些壮烈的战争故事引起了亚历山大浓厚的兴趣，正是荷马对英雄们的功绩、性

阿基里斯杀死赫克托并用战车拖拽赫克托的尸体

格的生动描述，激起了一个年轻战士的无限遐想。工因为如此，亚历山大才把首次踏上亚洲的地点选在了特洛伊；也正因为如此，他才把大军交给帕米尼奥，让他率领着大军从塞斯托斯前往阿拜多斯，而帕米尼奥自己则乘着小船

向着特洛伊平原划去。特洛伊岸边有一个港口，而这里也是当年希腊联军的登陆地点。亚历山大亲自掌舵，驾着船驶向亚洲大陆。快到岸边的时候，他站在船头，把一只标枪投向海岸，这是他在向东方世界挑战，这是他在表达对波斯王的轻蔑；靠岸之后，他又第一个跳上岸。在出发前，他把一头牛带到了船上，这是他准备献给海神波塞冬的祭品。一上岸，他便把自己所带的祭品献给了海神。

在古代，波塞冬被认为是住在海里的神明。他有时坐在大贝壳上，有时乘着海豚或是海马拉的战车，乘着巨浪

海神波塞冬与安菲特律特婚礼场景

前行。当他出行时，海里的众神和仙女，在水中半浮半游，环绕在他四周。他不像别的神明那样手握权杖，而是握着一把三叉戟，这种三叉戟类似地中海渔民使用的鱼叉。也

可能正因为如此，三叉戟才会被选作海神权力的象征。但是，确切地说，达达尼尔海峡应该归河神掌管，而不是归希腊神话中传说的海神波塞顿冬掌管，因为这里是一片狭长的水域，而不是宽阔的海洋。

献祭之后，亚历山大便在这片荷马曾经描绘过的地方开始了自己的探险之旅。荷马写作史诗的年代比亚历山大生活的时代早了500年，所以说很难确定亚历山大找到的遗迹是否就是史诗中让他无限遐想的地方。不过，至少亚历山大认为那里就是他所要寻找的地方，站在这些历史遗迹上，他的心中充满了骄傲和激动。亚历山大最喜欢的人物就是。他曾说过，他十分嫉妒阿基里斯，因为阿基里斯有普特洛克勒斯这样的朋友帮他建功立业，还有荷马这样的诗人为他歌功颂德。

在参观完特洛伊之后，亚历山大便带着几个随从向东北方走去。与此同时，帕米尼奥也已经率领大军顺利渡过了海峡。双方会合后，亚历山大又接管了整个大军。而此时，兰普萨库斯城便在北方不远处。

小亚细亚的大部分地区都在波斯的统治之下，但也有一部分地区有希腊人定居。在之前的希波战争中，这里便是双方拉锯的舞台，一会儿属于希腊，一会儿又被波斯占据。在战争中，兰普萨库斯城曾经背叛过希腊，这引起了希腊诸城邦的极度不满。因此，亚历山大决定先毁掉这座城。城中的百姓得知此事后，便立刻派出了使者，祈求亚历山大的宽恕。使者到来的时候，亚历山大很清楚他想说什么，于是他发誓，他绝不会接受这个使者的要求。使者说道："我来这里就是请求你毁掉兰普萨库斯城的。"亚历山大很欣赏这个使者的睿智，所以他决定遵守诺言，放过这座城市。

此时的亚历山大脚踏亚洲，而波斯大军也已经开始集结，准备迎战亚历山大了。不过，波斯大军没有料到亚历山大会来得如此突然，他的行军是如此迅速，所以，希腊联军几乎没有遇到抵抗就到了格拉尼卡斯河的岸边。

第五章

小亚细亚之战

精彩看点

在艾达山和格拉尼卡斯河被阻——格拉尼卡斯河——先行者——亚历山大停留在格拉尼卡斯河——亚历山大决定进攻——动机——马其顿密集方阵——方阵结构——方阵的强大特点——无法抵挡——方阵各部分——方阵位置——格拉尼卡斯之战——击败波斯——亚历山大的英勇和魄力——紧急的危险——战役结果——战利品送去希腊——门农的建议被驳——亚历山大慰问伤员——亚历山大继续行军——沿途国家投降——突发事件——亚历山大的宽恕——预兆——桅杆上的鹰——解释预言——冬天来临——新婚将士被允许还乡——新婚将士返乡——托鲁斯山脉——过海通道——艰辛——米安德河——戈尔迪乌姆——戈尔迪之结——麦得斯——戈尔迪系绳结——亚历山大砍断绳结——继续征程——塞恩达斯沐浴——亚历山大重病——亚历山大的军医菲利普——怀疑下毒——亚洲各国臣服——伊苏斯平原

尽管亚历山大的大军已经安全登陆，在平原之上集结完毕，但通往内陆的道路并不通畅。平原南部的艾达山和发源于山上的河流组成一道天堑，截断了大军前进的道路。如果想要进入内陆，大军就必须翻山或者渡河。

在亚历山大看来，率军渡河似乎更容易一些，因为大部队中有骑兵和战马，以及很多负重的步兵。他们携带有大量的武器装备，翻山越岭非常困难。于是，大军决定朝北行进去渡河。这条小河从艾达山东北的山坡上潺潺流下，一直向北汇入大海，大军可以很方便地涉水而过。因此，渡过格拉尼卡斯河比翻越艾达山更容易一些。

在那个时代，大部队行军途中，总会向各个方向派出斥候小分队来帮助大部队探路，扫清障碍物及探查敌情。现在，我们把这种人叫“侦察兵”，在亚历山大那个时代，希腊语里他们被称作“prodromi”，就是“先行者”的意思。这些斥候的职责就是把前方探到的消息源源不断地送回大部队，向军官们报告他们打探到的重要情况。

正当大军越来越接近格拉尼卡斯河时，前方斥候来报，说发现河对岸出现了波斯军队。波斯大军守在那里，已经封锁了整个通道。亚历山大命令大军继续前进，同时召来将领们，与他们商议接下来的行军安排。

帕米尼奥建议延缓渡河，他认为波斯军队以骑兵为主，一般来说，白天的时候，骑兵的威力十分强大，但到了晚上，他们就完全没有战斗力了。而且战马都是分散喂食和休息的，没有战马的骑兵战斗力很弱，因为他们不习惯步战。如果军队在深夜突然袭击他们的营地，那么他们的战马和骑兵将会毫无反手之力，在军队的攻击下瞬间瓦解。鉴于此，帕米尼奥觉得波斯军队不敢在亚历山大大军附近安营扎寨太久，只要再耐心等一等，敌人一定会撤退，这样亚历山大就可以轻轻松松地渡河了。

但亚历山大不愿采纳这个建议，他相信自己的士兵，相信他们的勇气和战斗力，相信他们一定可以一鼓作气渡过格拉尼卡斯河，一路推进，冲破围堵。他也很清楚，这样做将会给整个波斯带来巨大的震慑，让波斯人知道他指挥的军队多么勇猛无畏。因此，这样做不仅可以有效地恫吓敌人，也有利于未来的战局。其实除这个原因外，他还有一个更强烈的动机，那就是要直冲对岸，大败对方的骑兵，满足他的虚荣心。

大军行进到岸边后，立刻集结列阵，整装待发，似乎在他们看来，河对岸的敌军根本不堪一击。在亚历山大的

波斯士兵的浮雕

指挥下，大军迅速结成马其顿作战方阵，方阵面向敌军排成 16 个纵队，每一纵队大约 1000 人，1.6 万人便组成了整个马其顿密集方阵。在这个密集方阵中，士兵们全副武装，按照特殊队形排列，站在中心位置，左臂挂着盾牌，双手紧握长矛，铁铸的矛头坚硬锋利。他们所持的长矛约有 16 尺长，当队列站得比较紧密时，后边第八排或第九排甚至是第十排士兵的长矛尖差不多可以伸到第一排。勇猛好战的士兵紧紧握住长矛，组成一道难以攻克的铜墙铁壁。在那个时代，这面墙是任何武器都无法攻破的，任何人，或者战马，甚至大象，只要是想毁灭它的，最终只能自取灭亡。在强壮有力的臂膀的挥动下，所有的长矛仿佛活起来一般，只要有敌人靠近，它们似乎就会立刻横眉怒目指向敌人。当敌人远距离投掷标枪时，士兵们就会用左臂上的盾牌来抵挡。盾牌层层叠叠，能为整个方阵提供防御。这就是马其顿密集方阵，当它防守的时候，仿佛一个坚不可摧的堡垒般无懈可击；但当它开始进攻时，整个方阵又能迅速出击，势如破竹。这时，它就是一头猛兽，长有铜皮铁骨，下边还伸出无数恐怖的尖牙。它不慌不忙地向前推进，气势如虹、势不可挡，一路横扫过去，无情地摧毁面前的一切。马其顿密集方阵是整个亚历山大大军的核心和灵魂。在古代，这种作战方阵是不可战胜的。不过在现代战场上，它就没什么防御能力了，因为猛烈的炮火可以不费吹灰之力就杀死所有的士兵，毁掉所有的武器装备。

马其顿密集方阵又被细分为旅、团、营指挥。在打仗时，这些独立的团队又可以单独作战。方阵位于大军中心，两翼分别为骑兵和步兵，比起重装上阵的方阵，他们的行动更加迅猛，能够快速地做出反应。亚历山大就亲自率领着一支侧翼部队，帕米尼奥则率领着另外一支，庞大的马其顿方阵就在两翼的掩护下，缓慢前进，向着浅浅的格拉尼卡斯河进发。

河对岸便是严阵以待的波斯大军现在我们依然无法确定当时波斯大军的数量，有历史学家说当时波斯大约集结了 10 万人，也有人说是 20 万或者 60 万。不管真实数据究竟是多少，至少当时波斯士兵的人数是远远胜于亚历山大大军的人数的。前面我们曾说过，亚历山大的大军仅有 3.5 万人。

格拉尼卡斯河对岸还有一个狭长的平原，平原的尽头是一大片山脉。波斯骑兵占据了整个平原，准备等希腊联军一上岸便发起冲锋。亚历山大率领着大军涉渡过了宽而浅的格拉尼卡斯河。大军一上岸，敌军便向他们冲来。一场激烈而持久的战斗爆发了。亚历山大大军冷静沉着地应战，凭自己的勇武和魄力击退了波斯人，成功地登岸，并在岸边重整部队；而被打败的波斯人发现河岸失守后，便开始四处逃窜。

在这场战斗中，亚历山大表现出色。因为衣着和头盔上的白色羽毛。他在战场上极易被辨认出来，这让他的处境很危险，但他毫不在乎。当大军遭遇波斯骑兵时，有一个骑兵骑着战马疯狂地向他冲来，拿着一把剑朝他头上砍去。亚历山大躲了过去，并立刻用剑刺穿了敌人的身体，但他的羽毛和头盔被砍掉了。与此同时，在另一侧，又有一个骑兵举起剑，趁亚历山大来不及转身的机会朝他砍去。就在这千钧一发之际，看到亚历山大有危险的战友立刻冲了上前，砍掉了偷袭者的胳膊。

格拉尼卡斯河战役，查尔斯·布朗绘

这很可能是一个传说，当然也可能确有其事，或者这是对当时事件的夸张描述，或者完全是杜撰的。伟人的历史里总会有许多本不属于他们的丰功伟绩，因为对于诗人和历史学家而言，夸大和杜撰英雄们的功绩也是他们的工作之一。无论是现在还是过去，这种做法都是可以理解的。

我们也要知道，我们所读到的这些故事都是希腊人的描述，而究竟波斯人是怎么记录这段历史的，我们就不得而知了。但无论如何，波斯人还是被打败了，而且希腊联军还没有出动马其顿方阵，参战的仅是一些骑兵和步兵。不过，在这种情况下，马其顿方阵也难以施展，因为此时大军刚刚登岸，庞大的马其顿方阵是难以迅速与全副武装的敌人接战的。

波斯军队战败撤退，而亚历山大也不打算乘胜追击，因为他已经达到了重创敌军的目的了。波斯大军战败的消息就像风一样传遍了整个亚细亚，局势对亚历山大十分有利。他派人将胜利的消息传回希腊，同时还送回了 300 副铠甲——它们是从战场上被杀的波斯骑兵身上扒下来的。后来，这些铠甲被挂在了雅典的帕特农神殿里，这里是整个欧洲最显眼的地方。

指挥这场战役的波斯将军叫门农，他曾反对这样冒险的战法。在他看来，亚历山大劳师远征，一定没法携带大量补给，所以他只能靠战斗胜利后夺取战利品来维持军需。因此，门农强烈建议波斯人应该慢慢撤退，坚壁清野，不给亚历山大留下任何东西，这样一来，亚历山大大军就会因为物资匮乏，最终沦为他们的猎物。不过，门农的建议被其他将领否决了，而格拉尼卡斯河战役也以波斯的失败而告终。

亚历山大下令大军就地安营扎寨，进行休整，给士兵疗伤。他亲自探望了每个伤员，询问他们的伤情，听他们讲述战况。能把自己的战斗故事讲给统帅听，并且统帅还听得如此专注和兴奋，这让每个士兵都备感骄傲。因此，将士们士气大增，渴望能再次为伟大的领袖效力。从这件事上，我们便能看到亚历山大闪闪发光的伟大灵魂。要知道，那时他才 21 岁，刚刚成年而已。

在格拉尼卡斯河休整后，亚历山大又率军南下，沿着爱琴海东岸进发。一路上，几乎所有的国家、城邦、城市都望风而降。实际上，这里也不能算作波斯领土，因为这里的居民主要是希腊血统；他们有时被希腊统治，有时又被波斯征服。每次征服都是换个执政官那么简单。亚历山大想方设法地消除人们对他的恐惧：他严禁士兵伤害、骚扰平民，没有掠夺大家的私有财产，而是仅仅占有了城堡和一些国库里的财物。他继续沿用之前的税制、法令和审判制度。所以，不久之后，他便顺利收服了整个小亚细亚的西部地区。

进军中发生的一系列冒险和故事被历史学家描绘得多姿多彩，这不仅让事件本身显得有趣，也显示出了亚历山大崇高的品质。在亚历山大到来之前，小亚细亚的波斯人和希腊人就纷争不断。在以弗所这个地方，双方的仇恨已经发展到了无法控制的地步，终于酿成了一场大战。最终，希腊人获得胜利，他们准备大肆屠杀波斯平民。得知此事后，亚历山大立即制止了他们，保护了这些所谓的敌人。于是，亚历山大的宽容与慷慨迅速传遍了整个小亚细亚，这让他名声大振，赢得了所有人的尊重。

以弗所是吕底亚古城和小亚细亚西岸希腊的重要城邦，图为以弗所的引水槽，迈尔·路易吉绘

在那个时代，士兵们非常相信所谓的“征兆”。他们会从鸟的飞翔等活动来判断即将发生的事情，这几乎是一个传统。有一次，当希腊的战舰沿着海岸，跟随岸上的军队一起行进时，被一支强大的波斯舰队困在了海湾中，其中一艘希腊战舰甚至搁浅在了海滩上。一只老鹰在桅杆上停了很久，而且它还一直看着远方的海面。帕米尼奥说这只老鹰盯着海看，预示着胜利就在那里。于是他鼓励士兵们做好迎战波斯舰队的准备。不过，亚历山大坚持认为，

老鹰既然停在了一艘搁浅的战舰上，那么这就说明他们只有在陆地上才能获得胜利。这样的征兆可以用各种各样的方式来解释，有智慧的领导者就会利用这些征兆来鼓舞士气。他们还会在通盘考虑了其他因素后采取恰当的战术。亚历山大非常清楚他的大军不善海战，所以不打算在海上与敌军对抗，如果那样做，他可能无法取得最后的胜利。

冬天来临的时候，亚历山大和他的大军已经到达了距离希腊大约三四百英里的地方。此时，他决定在春天来临之前不再行军。同时，他还向所有人宣布说，无论是军官还是士兵，只要是当年结婚的都可以返回希腊和他的妻子团聚。等到来年春天，他们再归队。毫无疑问，这是一个非常振奋士气的决定，能回家团圆的士兵并不多，根本不会影响到大军的战力。但回到希腊后，这些士兵便会把亚历山大的伟大战绩和他的高尚品德传遍整个希腊，最终将他的丰功伟绩传遍欧洲。此外，这个做法也能加深他与士兵们之间的情谊和联系，不管是离开的还是留下的士兵，他们都更加拥戴亚历山大了。亚历山大也非常乐意与士兵接触，了解士兵的想法，关心士兵的生活。否则，即使想和士兵们打成一片，他也不知道该用什么方法。

不过，亚历山大并不打算悠闲地渡过这个冬季，他从一个地方走到另一个地方，从一个城池走到另一个城池，经历了各种冒险。首先，亚历山大沿着南部海岸来到了托鲁斯山脉，停在山脉旁边的海岸上。托鲁斯山脉的悬崖峭壁将整个海岸切断，只留下了大海和山崖中间的一片狭长的海滩。这片海滩时而被海水淹没，时而露出海面。其实，地中海的海浪很小，但这儿的海水因为长时间地向着一个方向冲刷，再加上海风的力量，海浪非常之大。当亚历山大来到这个地方时，正是海水上涨之际，但他依然决定穿过海滩继续前进。其实在山的背后还有另一条相对安全的道路，但亚历山大的士兵们热爱冒险，亚历山大也想带着他们共同经历一次惊险刺激的征程，所以他们便沿着悬崖峭壁列队前进。海水差不多没过他们的腰，海浪则不停地拍打着他们。

最后整个队伍安全通过了这片海滩。亚历山大率军继续北上，朝着小亚细亚的中心地带前进，不过，想要到那里，还得穿过一片他曾经到过的山脉。这时正值冬季，大军在荒凉可怕的峡谷中被暴风雪包围。而除了要应对极端天气带来的困难和危险，大军还必须要面对敌人的挑战，因为山里的部落把守着各个通道。终于，亚历山大成功到达了一个山谷，米安德河——这条经常出现在文学作品中的河流——正在山谷里流淌。

那个时候，帕米尼奥率领大部队留在小亚细亚西部，当春天到来时，亚历山大便下令大军开拔，到戈尔迪乌姆与帕米尼奥会合；之前回家乡团聚的士兵们也重新渡过了达达尼尔海峡，来到了戈尔迪乌姆。这个城市将成为亚历山大远征的新起点。

亚历山大把戈尔迪乌姆城选作他新起点的原因之一就是他想要解开戈尔迪之结——希腊神话中的一个难题。它的故事如下：戈尔迪是山里的一个农民，一天，他正在耕地的时候，一只老鹰盘旋而下，落在他的车轭上，直到他耕作完才振翅高飞。这是一个征兆，但戈尔迪不知道它究竟预示了什么。于是他打算去邻镇找个占卜师问问。在路上，他碰到一个打水的少女，这就像《圣经》中亚伯拉罕的仆人遇到利百加一样。戈尔迪和她交谈时说起了这件事，少女建议他应该回去向宙斯献祭，而且她还答应和他一同回去。最后，这个少女成了他的妻子，他们在农场里平静地生活了很多年，后来还生了一个儿子——麦得斯。麦得斯常常驾着牛车，载上父母一起出门，一天，他们在

仆人与利百加，埃斯特班·穆里洛绘

大流士三世，出自古代壁画

希腊人一向快人快语，但卡瑞蒂姆没有料到波斯人并不喜欢听到这样坦诚的忠告。大流士三世十分不悦。盛怒之下，他决定处死卡瑞蒂姆。卡瑞蒂姆说：“好吧，我可以死，但为我报仇的人马上就要到了。你听不进去我的忠告，最终亚历山大会让你付出代价的。”

大流士三世率领着他的大军出发了。波斯大军跨过幼发拉底河，浩浩荡荡地开往地中海东岸。为了这次出征，大流士三世可以说是极尽奢华。史书上对他这支奢华壮观的大军有段详细的描述。因为波斯人崇拜太阳和火，所以大流士三世就在他的帐篷顶上放置了一个水晶做成的太阳。它光华耀眼，士兵们在很远的地方便可以看到它。衣着华丽的侍者们抬着精致的银制祭坛，祭坛上燃烧着熊熊圣火，一队身穿华丽长袍的祭司和神职人员紧随其后，他们将负责所有的祭拜仪式。然后是一辆献给太阳的战车，战车由四匹白马拉着，在战车的后面有另一匹高大华贵的白色骏马——被称为“神圣的太阳之马”，担任这匹太阳之马侍从的掌马官身着白衣、手持金鞭，跟在马的旁边。

大军中有支与众不同的队伍——王室卫队。王室卫队的将士们身着盛装，披挂着华丽的铠甲，站在最为耀眼的位置，享受着最高的荣耀。不过，他们的荣耀并不是来自战场上的奋力厮杀和卓越的军事才能，而是因为他们高贵的出身和门第，他们都是国王的亲属。不过他们人数众多——差不多有 1.5 万人，所以很多人彼此间其实都是那种八竿子打不着的关系。但他们的脸上依然挂着骄傲的神情——为自己高贵的身份而骄傲。另外，大军中还有一支大约 1 万人的部队——常胜军，常胜军的将士们都披着镶满了金片和宝石的金色纱巾。

与其说这样的军队是去征战，不如说是在举行一场盛大的游行庆典。而乘着战车的大流士三世无疑就是整个游行队伍中最耀眼的存在——他坐在高耸的宝座之上，万众瞩目。他穿了一件绣着银线的衬衫，外边罩着一件镶满金子和宝石的长袍，看起来耀眼夺目；他腰上系着一条金腰带，上边挂着他发号施令的宝剑，剑鞘上的宝石闪闪发光；他头上的王冠和他的华服一样镶满宝石，高贵而精美。他的战车高大宏伟，雕刻着精美的图案，装饰着各种雕像，他的仪仗队员们手持银制的长矛，矛头都是金子打造，威风凛凛地站在他两侧。

最不可思议的是，大流士三世居然带着自己的王后一起出征，随行的还有所有的后宫人员。在路上，他的母亲西斯甘比斯同他的王后一起坐在紧随国王战车的一排华丽车辇中。随行的王子、公主们则坐在另外 15 辆马车上，此外还有大量衣着华丽的宫女侍从。车队的后面是几百只骆驼和骡马，它们拉着王室的大量财宝——大流士三世出征时居然还带上了大量财宝。

就这样，大流士三世带着他的大军浩浩荡荡地一路向西，最后来到了地中海东岸。他把所有的财宝留在了叙利亚的首都大马士革，还派了大量人马看护它们。接着，他便带着其余部队继续进军，从叙利亚开往小亚细亚，准备在那里迎战亚历山大。与此同时，亚历山大也正从小亚细亚向叙利亚进发。

从地图上我们可以看到，陶拉斯山脉位于地中海东北角，沿着海岸延伸，在群山间有无数条小路可以让大军在叙利亚和小亚细亚之间来往通行。此刻，大流士三世正率军沿着一条靠内陆的路线向西行进，而亚历山大则沿着靠海的线路一路向东而行。亚历山大并不知道大流士三世的大军就在自己的附近，而大流士三世则认为亚历山大会在自己到达前撤退。在大流士三世看来，在占有数量优势的大军面前，马其顿那寥寥数万人真是不值一提。他几乎已经立于不败之地了，所以，他坚信亚历山大一定会望风而逃的。两军虽然只相隔 50 英里左右，但因为所有的沟通来往都已经断掉了，所以都很难获知对方的确切情况。将军们只能派出斥候，或者从来往的路人那里截取他们想要的情报。

结果，因为这诸多因素，就在双方都没有意识到的情况下，亚历山大的大军和大流士三世的大军擦肩而过了。亚历山大率军穿过一条叫“叙利亚之门”的小路，来到了位于伊苏斯平原的叙利亚；大流士三世则率军一路向北，在亚历山大离开后到达了伊苏斯。当双方大军得知彼此竟然近在咫尺时，都吓了一大跳。刚听到这个消息时，亚历山大简直难以置信。他立刻派了一艘有30支桨的战舰沿着海岸划到伊苏斯打探情报。战舰很快便回报说，在“叙利亚之门”不远处发现了波斯大军，波斯大军的营寨几乎占据了整个平原。

亚历山大随即召来所有的将领和谋士，把这个消息告诉了他们，同时还宣布即刻从“叙利亚之门”返回，攻打波斯大军。接到命令后，将士们士气高昂地出发了。

傍晚时分，亚历山大派出一支斥候做先锋，命他们悄悄出发，去高地上观察敌情，一旦发现敌军行踪便立即回报。如果在现代，这样的侦察任务是必须要携带军用望远

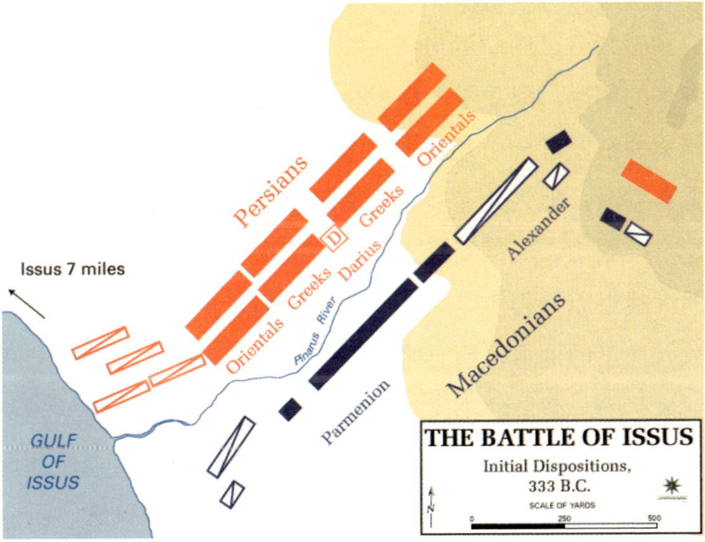

伊苏斯之战前夕，双方兵力部署示意图。THE BATTLE OF ISSUS=伊苏斯之战；333B.C.=公元前333年；GULF OF ISSUS=伊苏斯湾；Persians=波斯人；Macedonians=马其顿人

镜的，但亚历山大那个时代还没有这样的装备可用，斥候们只能用自己的双眼观察。

夜幕降临后，亚历山大便命令大军跟随前锋部队出发了；到了半夜时分，大军便来到了“叙利亚之门”的峡谷。在确认周围没有任何危险之后，大军停了下来。哨兵立刻到四周高地警戒。亚历山大亲自爬上了一处高地，俯瞰了整个平原。此刻，他看到整个平原到处都是波斯大军营帐里明暗闪烁的灯火，大片营地在夜色映衬下显得格外恢弘，尤其对站在高地上的亚历山大来说，这一幕十分壮观。站在幽暗险峻的山顶上，亚历山大望着峡谷里的部下——这些英勇无畏的士兵们，再远眺几英里外平原上的遍地篝火，他预感到自己的命运与众多将士的命运，都将取决于即将到来的黎明，取决于即将发生的一切。而这一定会是一个伟大的征服者一生最辉煌的时刻，他要尽情享受这样的兴奋和刺激，他为此而骄傲。为了让这一刻更显庄严，他建起一个祭坛，向神祇献上祭品，祈求神祇保佑他在天明后的大战中旗开得胜。当然，祭祀活动选在了一个不会引起敌人注意的地方，而且哨兵就把守在各个哨口，观察着波斯大军的一举一动。

第二天清晨，太阳刚刚跃出地平线，亚历山大便下令大军出击；傍晚夕阳西下时，所有狭谷隘口都挤满了四散而逃的波斯士兵，他们惊慌失措、溃不成军，蜂拥而上，堵住了山谷里的隘道。走在前面的士兵精疲力竭后倒在路上，后面的人就一拥而上，踩踏着他们的身体逃命。大流士三世也身在其中。忙于逃跑的他甚至丢下了自己的母亲、妻子、儿女。他驾着战车一路狂奔，到了战车过不去的地方，他便卸下一切东西，跳上马背拼命逃走了。

伊苏斯大战，简·布鲁盖尔绘，现藏于罗浮宫

亚历山大和他的军队并没有乘胜追击，而是返回了波斯大军的营地。在那里，他们看到了大流士三世华丽的帐篷和成堆的金银珠宝、金子铸的箱子、银子做的花瓶器皿和各色香料等。他们几乎可以在这个帐篷里找到他们所能想象到的任何财宝。而大流士三世的母亲和妻子则惊恐绝望地看着这些胜利者，嚎啕大哭。

得知这个消息后，亚历山大派了一位德高望重的人——他从前的老师列昂纳托去安抚这群惊恐不安的妇人。此时，她们不仅仅是因为自己被俘而哭，还以为大流士三世已经战败被杀了，所以悲痛的母亲在为自己的儿子哭泣，伤心的妻子在为自己的丈夫难过。列昂纳托带着一群士兵朝着传出阵阵哀嚎的帐篷走来，门口的侍从立刻跑进帐篷报告说有一队希腊士兵朝这儿走来了。这让妇人们更加惊恐，她们以为自己将要面对暴风般的侵犯和死亡，所以都痛苦地躺在了地上。列昂纳托在门口等了一会儿，直到随从们从里面出来才走进帐篷。看到他后，妇人们吓坏了，向他求饶，请求他允许她们吊唁她们的国王，至少能让她们再看一眼儿子或丈夫的尸体。

为了安慰她们，列昂纳托说道："亚历山大特意让我来告诉你们大流士三世还在世的消息。他不仅没有死，而且已经安全逃离了战场。至于你们，亚历山大绝不会伤害你们。他不仅会保障你们的人身安全，而且会保有你们的王室待遇，就连你们的生活起居也会如往常一样。另外，亚历山大还让我向你们转达他本人对大流士三世的态度，他对大流士三世本人并无恶意。只是为了荣耀，为了亚洲广袤的领土，他必须追击这样一个名义上的敌人。"列昂纳托一边说话，一边从地上扶起了这些惶恐不安的妇人们。终于，她们渐渐恢复了平静。

第二天，亚历山大让经验丰富的帕米尼奥统管大营，他则带着好友赫费斯提翁一同前往探望了这些被俘的王室贵妇。赫费斯提翁是他的知己良朋，两个人年纪相仿。当两人进入帐篷时，那些妇人们不知为何搞错了，错把赫费斯提翁当成了亚历山大，毕恭毕敬地向他叩拜。一个随从赶紧告诉她们说旁边那位才是亚历山大，这些女人们吓坏了，急忙道歉。但是亚历山大并没有生气，他和蔼地宽慰这些妇人们："你们做的并不算错啊，我是亚历山大，但是他是我的挚友，你们拜他就等于拜我了。"

此时，无论是在朝堂上还是军队中，亚历山大已经能够轻松驾驭那些他父亲任命的资历深厚的将领们了，但他依然没有被野心吞噬，他的内心深处保留着和善，这让他能够与同伴和睦相处。从古至今，很少有帝王能像亚历山

亚历山大安抚大流士三世的亲属，贾斯特斯·萨斯特曼绘

大一样不用手中的权力毁灭友情，而是依然诚恳友善地对待朋友，珍惜友情带给他的欢乐。

大流士三世年轻貌美的王后还带着他们的儿子，真不知道大流士三世为何会带着这些手无寸铁的妇孺一起出征，或许他当时压根没想过自己会和亚历山大正面遭遇，更没想过自己会被亚历山大打败。之前他一直认为亚历山大是个什么都不懂的小孩，可是他没想到亚历山大精力旺盛、勇气十足、敢于冒险。另外，他也从未将亚历山大率领的军队当回事。他原以为亚历山大根本不敢与波斯大军抗衡，只要他率军前来，亚历山大就会望风而逃。但他万万没想到那样一个小男孩会在破晓时分率军从群山中的隘道突然冲出，直冲他庞大的军营，在短短的12个小时里就将波斯大军打得溃不成军。的确，这次战绩十分出人意料，当时亚历山大的军队只有3.5万人，而根据历史所载，此战中大约有10万波斯士兵死在了战场上——当然，其中有很大一部分都是死于撤退时的踩踏。当亚历山大突然杀来时，波斯大军立刻陷入一片混乱之中。士兵们慌不择路，一大群骑兵涌进隘道，踩踏着慌乱的步兵，争先逃跑。

亚历山大听说大流士二世把大批财宝留在了大马士革，于是就派帕米尼奥前去收缴。最终，大量的金银珠宝落入了亚历山大的手中。之后，那些金碗银盘都被铸成了钱币，而大批财宝则被运回希腊，这次远征获得了巨大成功。

聚集了一小群残兵后，大流士三世继续逃亡，直到渡过了幼发拉底河后才停下来。然后，他向亚历山大派出了求和使者。在给亚历山大的信中，他就亚历山大的入侵提出抗议，并敦促亚历山大即刻撤回自己的领土上。另外，他想以大量的赎金赎回自己的母亲、妻子、儿女。最后，他又说，如果亚历山大愿意让他赎回家人，又撤出了自己的领土，那么他愿意与亚历山大结盟。

亚历山大给大流士三世回了一封简洁有力的信。在信中，他说："你的祖先曾率领大军跨越达达尼尔海峡入侵希腊，一路上，波斯大军攻城略地，破坏了我们希腊人的家乡，给我们造成了难以估量的损失。而且你自己也曾悬赏追杀我，所以今天我的所作所为仅仅是为了复仇，神祇会站在我们正义的一方，会赐予我胜利。现在，我才是亚洲的君主，是你的王。如果你承认这一点，愿意臣服于我，那么我可以无条件地归还你的母亲妻儿，不要一分钱赎金。如果你想和我谈判，就必须遵守这些条件，必须承认我是你的王，否则我是不会接受你送来的任何东西的。"

这次战役即将胜利之时还发生了一件事，这件事展现了亚历山大的宽宏大量，也解释了为什么会有那么多人围绕在他的身边，对他忠贞不二。在攻陷波斯王廷时，他发现并俘虏了许多希腊各城邦派来的使者。现在，除了斯巴达和底比斯，希腊各城邦都在表面上归顺于他，而底比斯已经被他摧毁了。但在希腊，有诸多派系的敌对势力仍然密谋推翻他，派遣使者来到波斯王廷，帮着波斯人一起对付他，而散落于各地的底比斯人也派来了使者。所以，当这些人被俘之后，他要考虑如何处置这些叛徒。最终他决定立刻处决这些人。在他看来这些人都是叛徒，他们在表面上假装支持他，背地里却在密谋造反。不过，他也说道："底比斯人不同于他们，我曾毁了他们的家园，他们有权反对我、向我复仇，有权夺回他们失去的一切。"于是，亚历山大放了这些底比斯人，让他们有尊严地离开了。

波斯大军已经战败，别的城邦小国自然不会再做无谓的抵抗，接连投降。亚历山大委派官员接管了这些地方。而他自己则沿着地中海东岸继续进发，一路所向披靡，直至遇到了一个强大的对手——提尔城。

第七章

围攻提尔城

精彩看点

提尔城——提尔城的位置和规模——提尔人的商贸往来——巨大的财富和资源——提尔城的城墙——提尔城的影响力和实力——亚历山大的顾虑——来自提尔城的礼物——亚历山大被拒入城——决定攻打提尔城——亚历山大的计划——困难与凶险——士气高涨——修建桥墩——工程推进——提尔人反击——桥墩上的工事——提尔人造火船——点燃火船——烧毁工事——风浪来袭——重建工事——亚历山大建舰队——战斗装置——双连战舰——妇女儿童离开提尔城——围攻——提尔人无畏的勇气——打开城墙破口——攻陷城池——提尔城覆灭——亚历山大的残暴——性格改变——羞辱大流士——回应帕米尼奥——英雄的人性弱点——雷西马克——山林里的冒险——冒险经历中展现的凶残

提尔城位于地中海东岸的一个长约三四英里的小岛之上（目前关于该岛规模的说法不一，直径大约从 3 英里到 9 英里不等），是地中海东岸当时最大的商业中心。不仅如此，提尔城还拥有强大的舰队，能把自己的势力辐射到整个地中海。

最初的提尔城是建在大陆之上的，但由于东方的巴比伦各邦国不断入侵，提尔人最终舍弃了旧城，在离海岸不远的岛上建了这座新城。这里易守难攻，可以很好地防御敌人的袭击。最终，旧城荒废了，到处是残垣断壁，遍布废弃的墙砖，神殿、石柱和拱门都倒塌了，所有这些仿佛都在提醒人们它曾经的辉煌。

提尔城所在的岛屿离岸半英里左右，二者中间的海深约 18 英尺，是一个天然良港。因此提尔城便以商贸为主，富庶而强大——从这里驶出的船驶向地中海各处；同时，为了维护自己的商贸利益，提尔人还组建了强大的舰队。

因为岛屿本身面积不大，所以整个提尔城的建筑很密集，有大量宏伟的建筑物，据说里面藏有历代积累下来的无数财宝。而且提尔城城防坚固，在当时的历史学家和地理学家的夸张描述下，有传言说提尔城的城墙有150英尺高。不过，我们也应该知道提尔城的城墙是从海里建起的，确实需要修筑得非常高，这样它才有可能与陆地持平；而且为了达到保护城内居民和建筑物的目的，这些城墙必然会比别的城池城墙高出许多。所以，在提尔城的某些地方，城墙连着上面的建筑物确实达到了150英尺的高度，但这并不是城墙的普遍高度。

凭借着繁荣的商业往来和装备精良的护卫船舰，提尔城变得富庶、繁华起来。同时，它也制定了自己独立的外

提尔城中的竞技场遗址

交政策——为了确保自己的商贸活动顺利开展，从不参与陆地上各个邦国的纷争；在维护自己独立的同时，努力地与其他各国势力保持友好的关系。

此时亚历山大已经率军行进到了提尔城附近一个叫腓尼基的城市。现在，他面临一个十分棘手的问题——如何对付提尔城。他不想绕开提尔城继续东进，因为他担心当他进军不利时，提尔人会立刻从他背后发起攻击，让他腹背受敌。在地中海沿岸的诸多国家、城邦和城市中，提尔人战斗力很强。他们可以迅速集结，在希腊和小亚细亚沿岸地区对亚历山大形成威胁。经过再三考虑，亚历山大决定先解决这个棘手的问题，而不是急着去追赶大流士三世。

古希腊时期，腓尼基是地中海东岸重要的港口和商业中心，图为腓尼基收税员和商人们

但如果不绕开它，贸然攻打这座城市也十分危险：亚历山大只有陆军，而提尔城所在的岛屿距离陆地还有半英里；而且它那建在水面上的城墙非常坚固，提尔人的护卫舰队也装备精良；这里的居民更是非常富裕，他们可以用商船运回各种补给，因此亚历山大也很难通过围困逼降提尔人，征服提尔城。

提尔人并不希望与亚历山大发生冲突。他们派人送去信祝贺他获得伟大的胜利，信中充满了对亚历山大的溢美之词，并且称自己无意与希腊联军为敌。他们还向亚历山大送上金子做的王冠，表示愿意和小亚细亚别的国家一样尊他为王。亚历山大亲切地回应了这一请求，并表示希望能亲自去一趟提尔城祭拜提尔人供奉的神祇赫拉克勒斯。

提尔人很清楚，无论走到哪里，亚历山大都会带上他的军队，而他的大军一旦进入城中，就意味着他对提尔城的军事占领，可是他们又不敢贸然拒绝这样的请求。于是，提尔人送信给亚历山大，说他们的城太小，无法接待如此庞大的队伍。不过，因为陆地上那座废弃的旧城遗址上还有一座神殿，所以如果亚历山大愿意的话，他可以在陆地上祭拜赫拉克勒斯神。

亚历山大召集了所有的将领，对他们说出了自己的想法。他说："经过深思熟虑后，我决定推迟对波斯中心地带的远征。我要先征服提尔城，完全掌握地中海。而且大流士三世此时正在东方集结军队，所以我打算先占领埃及，

赫拉克勒斯是希腊神话中最伟大的英雄，是主神宙斯与阿尔克墨涅之子。图为赫拉克勒斯的雕像

然后再对付大流士三世。”将领们一致同意了他的决定。于是，他便率军朝着提尔城前进，而提尔人也已经做好了迎战亚历山大的准备。

在考虑所有的情况后，亚历山大做出一个大胆的决定——他要在陆地和提尔城所在的岛屿之间修一条足够宽的堤道。堤道从提尔城旧址一直延伸到岛屿，这样他的大军就可以沿着堤道直达城墙，突破对方的防守。这听起来似乎是件不可能完成的任务，但提尔城旧址确实有足够多的石料可以修建这样一条堤道。不过在修建过程中，亚历山大的大军必然会面临巨大的阻力，修路的士兵既会受到护城士兵的攻击，又会遭遇海上战舰的袭击，而且当堤道离岛屿越来越近时，士兵们遭受的攻击也会越来越猛烈。尽管困难重重，但亚历山大还是决定修筑堤道，因为这是攻占提尔城的唯一办法。

士兵们立刻开始了这项工程，因为他们无比拥戴自己的领袖亚历山大，坚信他能做到任何事。而且从陆地修一条直通岛屿的堤道，这是多么大胆而不可思议的想法，这让士兵们兴奋不已。

要在水里建起这样的堤道，不仅需要石料，还需要泥沙，而使用泥沙时就一定要想办法不让海水或者波浪把泥沙冲走，这时要用到“打桩”的方法——把长树干的一端削尖，然后深深插进水里。于是，亚历山大派了几队士兵去黎巴嫩山里砍伐树木。那里有大片的雪松林——它们非常有名，常常被一些宗教典籍提到。士兵们把树干带回岸边，将一端削尖，然后插进海里的泥沙中，用来护住堤道两侧；其他人则从旧城的废墟中搬来石头，填进海里做桥墩。一开始，守城的提尔人并没有发现这条堤道。最后，当发现堤道正慢慢朝着小岛延伸过来时，大吃一惊的他们决定立刻采取行动破坏它。

提尔人想方设法来破坏堤道：他们在城墙上架设起投石机，把大块的巨石投向正修筑堤道的士兵；他们派遣在

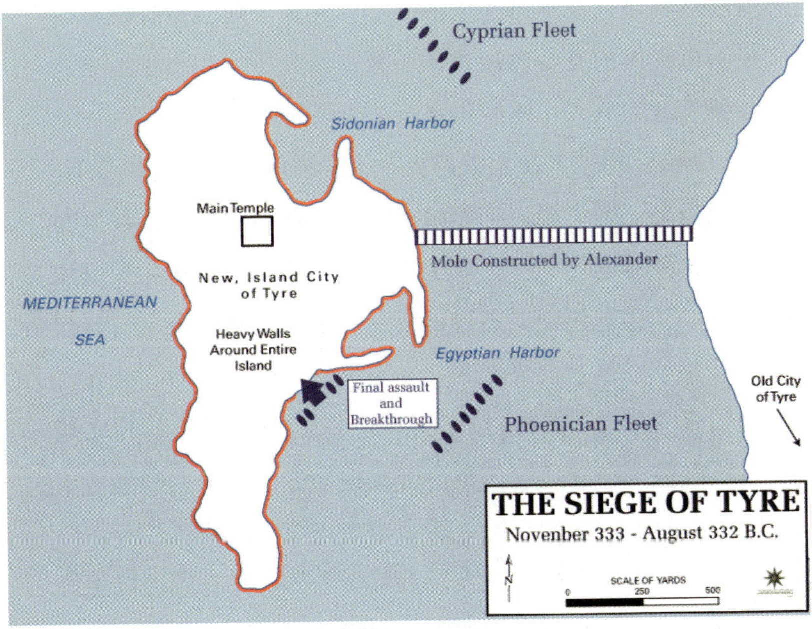

提尔城围攻战示意图。THE SIEGE OF TYRE=提尔城围攻战；注：November 333—August 332B. C.=公元前33年11月到公元前322年8月；Cyprian Fleet=塞浦路斯舰队；Phoenician Fleet=腓尼基舰队；MEDTERRANEAN SEA=地中海；Sidonian Harbor=西顿港

山谷丛林里生活的部落去偷袭伐木的士兵；他们登陆上岸，袭击那些正从旧城废墟上搬运石料的士兵；他们还驾驶着武装的战舰驶向桥墩附近，用石头、标枪、弓箭和铁球攻击正在修筑堤道的士兵。

然而，他们的行动收效甚微，工程还在持续。亚历山大下令用木头建起巨大的屏障，用它来保护施工的士兵，让士兵们躲在屏障后面继续干活。因为屏障的保护，堤道又向前推进了一大段距离。在修建堤道的同时，他们还沿着堤道两边，在靠近小岛的一端修建了一些包括打桩机、投石机在内的有特殊用途的装置；而为了居高临下地攻击想要靠近的敌人，他们还修筑了很高的塔楼。

最后，提尔人决定采用火攻来毁掉所有的建筑和工事。他们找来一艘大船，把船帆和桅杆放在油里浸泡，在里面放上各种易燃物——先放上一些干木头，为了让大火更加猛烈，又在上面浇上沥青、松脂和油。这样一来，一旦起火，整艘船都会燃烧起来，并引燃它接触的东西。接着，他们选了一个有风的日子，把船拖到工事附近，让它顺着风慢慢地驶向建筑工事最密集的地方。而他们则划着小船尽可能靠近这艘火船。船上的人在点火后快速跳海，然后乘船逃脱。大火迅速蔓延到整个船体，并且顺着风慢慢地漂向工事。亚历山大的士兵们拼命阻止这艘船靠近，但在风的推动下，火船还是慢慢地靠了上来。所有木质结构的工事和装置都被引燃，整个堤道陷入一片火海之中。

虽然士兵们拼命地保护工事，但一切都是徒劳无功的，最终。在矢石的攻击下，他们伤亡惨重，其中一些人被大火烧死，一些人在混乱中掉入海里淹死。希腊联军不得不撤退，任由大火将他们呕心沥血修建的庞大工程烧毁。

屋漏偏逢连夜雨，可以说连老天爷都在帮助提尔人：不久，一场巨大的海洋风暴袭来，海上涌起巨浪，顷刻间就把水里的桥墩冲走了。如非亲眼所见，亚历山大根本不敢想象海浪居然会有如此巨大的破坏力：巨石被卷走，最结实的绳结被冲断，最坚固的路基被冲垮。而他只能站在岸上眼睁睁地看着风暴肆虐，看着这短短几个小时的风浪毁掉他们数月来的心血。

风暴过后，士兵们十分震惊，同时也有些失望。不过，在亚历山大的指挥下，他们很快便将沮丧一扫而光，迅速地恢复了信心，再次开始了工事的修筑工作。他们把原先的桥墩修复，并且进一步将它加宽加固；他们把整棵树连枝带叶拖到桥墩周围，打入水下，防止石头沉入海底；他们重新修建了瞭望塔和攻城装置，并在它们的四周盖上了生兽皮以防火：一个更具有威胁性的堤道正快速地向提尔城推进。

在修建堤道的同时，士兵们常常受到提尔人战舰的袭击，这让亚历山大意识到组建一支属于自己的海上部队的必要性。于是，他在距离提尔城不远的西顿小镇组建了一支舰队。之后，他亲自登上一艘战舰——就在这艘战舰上，他取得了不少胜利——来到了提尔城附近的海面。他命士兵们把战舰两两相连，用木板搭在两船之间。这样士兵们就能稳稳地站在船上作战了。不仅如此，为了攻城，他还命士兵们在船上搭建起花样繁多的攻击装置。比如有一种叫破城槌的装置。它是一根又重又长的木桩，前段包铜或者包铁，中间用一条链子吊起来。士兵们推动木桩前后摇摆，让它反复撞击城墙，再坚固的城墙也会在它的撞击下慢慢垮塌。还有一种利用木杆、铁棍和绞绳的弹性制成的投石机。它可以把石头或是木桩投掷出去。使用时，士兵们先把石头放在投掷装置上，然后众人合力把它向后拉。拉到一定程度后，只要士兵们一松手，石头就会飞速地弹向目标。

在海面风平浪静的时候，亚历山大的双连战舰非常有效；可是当海上出现风浪时，战舰便会在风浪中上下颠簸，有时候两船间的连接木板也会折断，甚至连士兵也会被大浪卷走。难以预料的困难越来越多，但亚历山大仍然坚持勇往直前。看着希腊联军一天天逼近，提尔人也越来越恐慌。当亚历山大攻城的时刻越来越近时，提尔人预感到这座城市终将毁灭，城里惊恐万状的居民不想让自己的妻子儿女也遭遇这一惨状。于是，为了挽救老幼妇孺的生命，他们决定先把老幼妇孺送到非洲一个叫迦太基的城中，其余的人则留下来与希腊联军战斗至最后一刻。

这时，希腊联军的包围圈正慢慢地逼近提尔城，双方的士兵都已经做好大战一场的准备了。双方对待俘虏的方式也越来越残忍，因为他们觉得这是最好的报复方式。当亚历山大的大军渐渐逼近时，提尔城的供给开始出现问题了，很多物资都已经消耗殆尽。希腊联军兵临城下后，士兵们开始用破城槌一下接一下地撞击城墙。终于，他们在城南打开了一个通往城里的缺口。亚历山大开始准备最后一次进攻，而提尔人也即将亲眼见证自己悲惨的结局。

不过，他们依然没有投降：因为提尔人长期的负隅顽抗彻底激怒了亚历山大，整个城池的毁灭已经不可避免；因为现在投降是毫无用处的，最多也就是减少一丝死亡前的恐惧而已。

亚历山大命大量战舰靠近城墙，准备在战舰和城墙间放下一些木板，让士兵踩着木板从城南的缺口处进入城内。这个计划很成功，战舰顺利地停靠在了城墙缺口处，木板也顺利地放好。士兵们踩着木板，快速地来到城墙脚下，穿过缺口，进到城内。此刻，守城的提尔人决定孤注一掷，做最后的顽抗。数百名希腊士兵或被滚石砸死，或被箭矢射死，一个接一个地滚落到海里。但其余的人则发出恐怖的怒吼，发疯似地冲进城里，大批士兵沿着城墙上的梯子和斜坡爬上城墙，然后如潮水般涌进大街小巷。他们疯狂地烧杀抢掠，将积蓄了 7 个多月的愤怒和仇恨瞬间释放，誓要踏平此城。

士兵们疯狂地杀戮城里的居民。当他们筋疲力尽的时候，城里幸存的居民已经不多了。而亚历山大也一改往日的慷慨宽容，用最残暴的方式屠杀了这些无辜的平民：一些人被立刻处死，一些人被扔进海里；也有传说称当时他还把超过2000人钉在了海边的十字架上，但愿他们不是被活生生地钉在了十字架上。不管怎样，从这次的屠杀事件中，我们可以看到，亚历山大失去了曾经拥有的美好品格，他的谦逊温和也已不复存在，权利与野心正慢慢地侵蚀他的内心。他开始变得傲慢、易怒而且残暴。可以说在完成自己丰功伟绩的同时，亚历山大开始展现出枭雄的残暴一面。

在攻占提尔城之际，大流士三世又寄来了另一封求和信。他在信中说道："我愿意用大量赎金赎回我的母亲、妻子、儿女，并且同意将你已经占据的领土——包括整个幼发拉底河流域在内的广大区域——送给你。同时，我还愿意把我的女儿斯塔提亚嫁给你。我希望你能接受这些丰厚的条件，满足于你已经获得的领土，放弃继续进攻亚洲腹地的想法。如果你还想进一步入侵波斯领土，如果你还要固执地渡过东部湍急的河流继续前进，那么等待你的必将是惨败的命运。"

在回信中，亚历山大写道："我如果打算娶你女儿的话，根本不需要你的同意；至于赎金，我根本就不需要金钱。在我看来，你放弃幼发拉底河流域土地的承诺更加可笑，把不再属于你自己的领土送人，你不觉得这很荒谬吗？在

围攻提尔城，安德烈·卡斯坦丁绘

我的远征行军中，穿江过海就如同家常便饭，更别说东部的河流了。我，亚历山大，会继续追击你，直到天涯海角，直到把你彻底击败！”

对于一个遭受重大挫败的君主来说，这样的答复非常的残忍、刻薄。帕米尼奥劝亚历山大接受和解条件。他说：“我如果是你，就会接受这些条件。”亚历山大则回答道：“没错，只要我是你，我就会接受它。但我是亚历山大！”作为一个22岁的年轻人，这样答复一位年过六旬的老人是十分刻薄的，更何况帕米尼奥还是一位忠心辅佐他父亲和他多年的忠臣，一位受人尊敬的老将军和一个忠心耿耿的朋友。这个例子也可以说明亚历山大的某些变化。

围攻提尔城被认为是亚历山大最伟大的功绩之一。在长达数月的围困战役中，他和他的将士所展现的勇气、坚持和不屈不挠的精神让全世界钦佩。然而，我们也能发现，他性格中已经出现骄傲、急躁、残暴的一面，这让大家对他的品性产生很多看法。当亚历山大慢慢成为一个英雄的同时，他人性的弱点也开始显现出来。

在艰苦的围城战役中，亚历山大同士兵们一样风餐露宿，不避危险、身先士卒。一天晚上，他和一队士兵在山里行军，这队士兵中有一人便是他从前的老师雷西马克。一直以来，雷西马克都追随亚历山大。不过，现在他的年纪大了，身体也越来越弱，常常掉队。于是，亚历山大便让其他人先走，他则留下来陪着雷西马克。山路崎岖难行，

雷西马克雕像，现藏于那不勒斯博物馆

他们只能下马步行。最后，他们发现自己迷路了，不得不停下来等到天亮后再出发。寒夜漫漫，漆黑一片。他们没带火种。这时，亚历山大发现远处有一片燃着篝火的营地，而这片营地是属于他们将要攻打的部落的。于是亚历山大悄悄摸到最近的一个帐篷旁，那里正有两个人躺在地上看守篝火。他趁着看守们睡觉的机会悄悄摸上去杀了他们，然后从火堆里拿起燃烧的柴火回到了自己原先的位置，为雷西马克和他自己点燃火堆，舒舒服服地过了一晚。你们可以自己来判断这个故事的真假，不过有一点可以肯定，那就是可能许多的英雄都有这样狠决的经历。

第八章

亚历山大在埃及

精彩看点

亚历山大在犹太地区——约瑟夫斯和他的写作特点——亚历山大到访耶路撒冷——约瑟夫斯的记载——大祭司若杜斯——若杜斯的梦——祭司的队伍——亚历山大的梦——亚历山大加入犹太祭祀——但以理的预言——亚历山大到访耶路撒冷的争议——围困加沙——亚历山大受伤——加沙被占——亚历山大残酷对待贝迪斯——大量财宝——年轻时的故事——贝鲁西亚——孟斐斯——富饶的埃及——埃及的沙漠——贫瘠的原因——大绿洲——锡瓦绿洲——亚历山大穿越沙漠——沙漠的辽阔——骆驼——缺水——沙暴——到达绿洲——盛大庆典——亚历山大渴望神的荣耀——亚历山大调侃自己的神祉身份——返回孟斐斯——建亚历山大城——法罗斯岛——灯塔——亚历山大仅存于世的功绩

毁灭了提尔城后，亚历山大开始了进军埃及的征程。他先经过了犹太地区。当然，这场穿越以色列圣地的伟大征程碰巧发生在《新约》与《旧约》更替的年代——大约在耶稣出世的300年前，所以《圣经》中并无记载。

在亚历山大的东征过去大约300年后，耶稣出世的前几年，有一个叫约瑟夫斯的犹太作家写了一本犹太史书。虽然这本书读起来十分有趣，但为了夸大自己国家的历史，他在书中用了很多离奇故事来神化自己的国家。所以，他的描述并不完全可信。在书中，他写到亚历山大穿过巴勒斯坦时，曾到访过耶路撒冷。根据他的描述，当时的情形是这样的：

提尔城在被亚历山大摧毁之前是一个依赖海运和商业的城市。它四面环海，所食用的食物均来自邻国——这儿的居民习惯从腓尼基、犹太地区和埃及几个地方购买粮食，然后用商船运回岛上。在围攻提尔城时，亚历山大的军队也需要从附近的邻国补充粮食，于是亚历山大向这些地方发出命令，令他们向他的大军输送粮食。但犹太人拒不领命，他们说他们的国王是大流士三世，那么向亚历山大输粮便是对大流士三世不忠。

那个时候，亚历山大忙着攻打提尔城，没心思理会他们。不过现在，提尔城已破，所以他打算率军向犹太地区进发，摧毁耶路撒冷。

当时耶路撒冷的最高行政长官叫若杜斯，他听命于波斯政府，负责掌管耶路撒冷的一切事务。同时，他也是一个犹太大祭司，而到了耶稣诞生的时代，也就是大约 300

耶稣受审之前的该亚法，马蒂亚斯·施托梅尔绘

年后，犹太大祭司就是众所周知的主审耶稣的该亚法了。而听说亚历山大大军正朝着耶路撒冷赶来，若杜斯和耶路撒冷的居民都非常害怕。惊慌失措的他们不知如何是好，提尔城的毁灭让他们见识了亚历山大大军可怕的战斗力。因此，他们开始为即将到来的灾难而惶惶不可终日。

若杜斯向全能的上帝献祭、祷告，祈求上帝的指引和保护。在献祭后的第二天，他向所有人宣布说不必再害怕即将到来的大军了，因为他已经得到了上帝的指示。昨晚，上帝托梦给他。在梦中，上帝说："不要尝试着去抵抗亚历山大的大军，你们要用鲜花装点城市，准备以一场盛大的庆典来欢迎亚历山大的到来。所有的祭司都穿上礼袍走在最前面，所有的居民排成一列紧随其后，一同出城去迎接亚历山大。这样，耶路撒冷便可平安无事了。"于是，众人按照上帝的指引准备好了一切。

本来亚历山大已经下定决心摧毁耶路撒冷。可是，当他看见欢迎的队伍后，当他走进队伍看到迎接自己的犹太大祭司后，他马上停了下来。他又惊又喜，庄重地走向若杜斯，向若杜斯深深致意。在场的人都惊呆了，帕米尼奥问亚历山大为什么这样做，亚历山大给出了一个不可思议的解释：

"在这次远征之前，即我还在马其顿的时候，我每天都在思考要不要远征亚洲，如何远征亚洲。一天晚上，我做了一个神奇的梦，而这位大祭司就出现在了我的梦里，当时他的衣着和现在一模一样。他鼓励我克服一切困难，大胆穿过达达尼尔海峡，向着亚洲的中心出发。他说上帝会与我同行，会带给我胜利。这个大祭司就是我梦里出现的那个人，他不仅身形和衣着相同，就连表情和气质都是一样的。正是因为他的鼓励和帮助，我才能在今天来到这里，所以我要在他的带领下祭拜他们的上帝。”

说完，亚历山大也加入了大祭司的队伍中，同他一起返回了耶路撒冷。在那里，他和大祭司及所有的犹太人一起，在神殿里向上帝献祭和祷告。和现在印刷出来的《圣经》不一样，那时的《圣经》经文，比如说《旧约》，都

但以理身陷兽舍，阿格纽绘

是记录在羊皮卷上，然后供奉在神殿里的。祭司从经卷中取出一部讲述四大先知之一的但以理预言的经卷。他们一同研读了一些与亚历山大有关的预言。虽然这些预言写于几百年前，但他们觉得亚历山大或许能从这些预言里得到启示。根据约瑟夫斯的描写，亚历山大看了这些古老的预言，听完祭司的解释后非常高兴，他向犹太人保证，他们所有的权利——尤其是他们的信仰和祭拜活动——都将受到保护。他也承诺，当攻占米提亚和巴比伦后，他一定会保证寄居于那里的犹太教徒的人身安全。这些犹太人都是之前的战争中被掳至米提亚和巴比伦的犹太人子孙。

这就是约瑟夫斯在他的书中讲述的故事，但同时希腊的史学家们从未提到这次耶路撒冷的会面，一些人认为它根本就没发生过。不过，无论如何，这个故事还是在犹太人中代代相传，流传至今。也许对他们来说，尽管这个故事本身缺少依据，但它很好地印证了他们信仰的伟大。

不过，也许正是因为耶路撒冷，亚历山大在加沙停留了一段时间。加沙位于地中海沿岸，是一座以商业闻名的富庶城市。那时，加沙由大流士三世委派的总督贝迪斯管理，因为贝迪斯拒绝向亚历山大投降，所以亚历山大开始围攻。围城之战持续了大约两个月。而这一次，贝蒂斯和加沙城把亚历山大彻底激怒了，因为亚历山大在这里受了伤，伤口很久才愈合。因此，他十分痛恨贝迪斯和加沙城。当时，他正在城池附近的掩体后面，正准备用攻城装备撞击城墙，打开一个缺口。这时，一支城墙上射下的箭穿透了他的铠甲，深深扎进了他的肩膀中。

终于，城墙被打开了一个缺口，士兵们涌进去占领了全城。亚历山大对付俘虏们的方式极其残酷，处死了守城

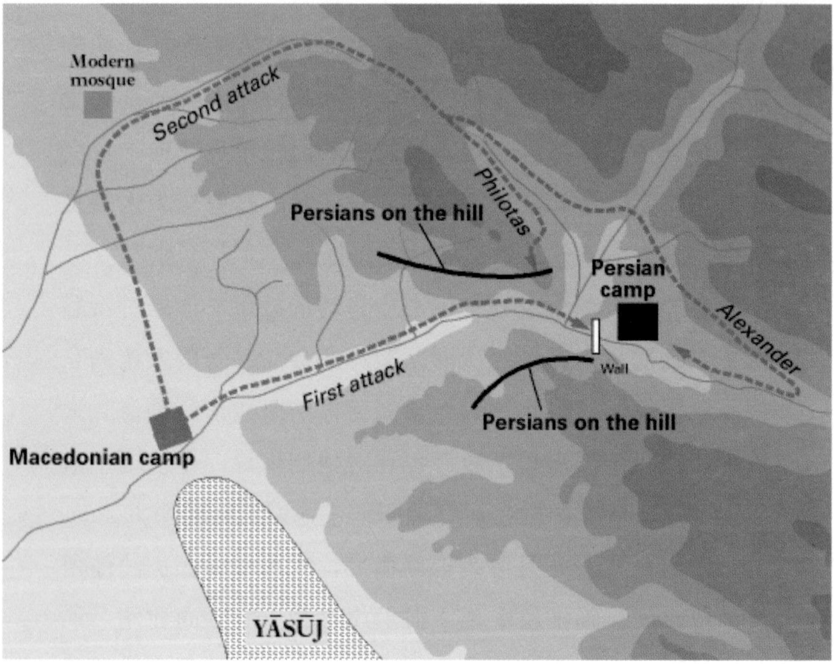

加沙城防示意图。Macedonian camp= 马其顿大营；First attacck= 首次进攻；Second attack= 二次进攻；Persian camp= 波斯大营；Persians on the hill= 山上的波斯军

的全部士兵，把城内的居民卖作奴隶，而对贝迪斯本人的处置更可以用恐怖来形容。人家应该还记得特洛伊围城故事里的阿基里斯吧，他杀死了赫克托之后便拖着他的尸体

绕城一周。而现在，越来越习惯战争的残酷和血腥的亚历山大也变得与他的偶像一样——同样残暴冷酷。他决定效仿阿基里斯，要拖着贝迪斯绕城一圈。如果是几年前，亚历山大可能会因为贝迪斯的忠诚而赏赐他；但现在亚历山大冷酷、自私、报复心极强。

亚历山大下令把贝迪斯带到自己面前，用嘲讽戏谑的眼神看着他说："我不会让你轻松地死去的，我要让你尝尝一个复仇者所能想到的最残忍的折磨。"贝迪斯没有回答，只是平静地看着亚历山大，而这种平静更加激起了复仇者的怒火。亚历山大对着身边的人说道："看看他傲慢的样子，我一定要让他求饶，让他发出痛苦的呻吟。"接着，他命令手下在贝迪斯的脚后跟上穿一个洞，然后拿绳子穿过他脚上的洞，将他绑到一辆战车上，让战车拖着他的身体绕城一圈，直到他断气。

亚历山大在加沙发现了大量财宝。他把其中绝大部分送给了留在马其顿的母亲奥林匹娅丝。亚历山大非常爱母亲，或许他对母亲的爱是他身上仅存的优点了。另外，他还发现了大量的乳香和没药——用于供奉和祭祀神祇的香料，十分珍贵。

当亚历山大还小时——那时他的父亲在世，有一天，他出席了一次盛大的祭祀，而他的一位老师列昂纳托站在祭台附近。当亚历山大把乳香和没药大把大把地投进火里时，列昂纳托责备了他。列昂纳托认为亚历山大的做法实在太浪费了。列昂纳托还告诉亚历山大，他如果有朝一日成为了这些香料产地的统治者，他就可以尽情地挥霍了，但现在最好还是省着点用。当时，亚历山大记住了列昂纳托的责备。现在，发现这些香料之后，他便把所有的香料都送给了列昂纳托。

在征服了整个加沙后，亚历山大继续南下，最后来到了埃及边境，并在边境的贝鲁西亚城驻扎下来。亚历山大刚抵达贝鲁西亚城时，城里的官员们就知道抵抗是毫无用处的，因为他们已经清楚地看到了底比斯、提尔城、加沙这几个先例，所以他们也早早地投降了亚历山大。

埃及当时正在波斯的统治之下，但埃及人早已不满波斯的统治了，准备投降亚历山大。他们派出了使者到边境见他，于是亚历山大便来到孟斐斯。孟斐斯位于尼罗河流域的下埃及，即包括现在的尼罗河三角洲及开罗南郊的一片区域，正处于尼罗河河口延伸出的支流上。整个埃及只有那一片平原，大片的植被装点着这片沃土，一眼望不到头的田野里麦浪翻滚。它是由尼罗河冲刷而形成的冲积平原——因为洪水不断泛滥，河里的泥沙慢慢沉积而逐渐形成肥沃土地。在古代，埃及正是因为肥沃的土地而闻名于世。不过，埃及只有这一块尼罗河冲积而成的肥沃土地。

埃及的东边是贫瘠的岩石丘陵地带，西边则是广阔的沙漠地带。因为缺水，沙漠的土地很贫瘠，动植物难以生存，而且沙漠里还遍布流沙。我们知道，只要有水，再贫瘠的土地都会长出植物，而等到植物在地里腐烂后，土地就会慢慢地肥沃起来。但如果缺水，无论什么样的土地都会变成贫瘠的沙漠，风会带走一切，只留下慢慢风化的大块儿岩石。

在这片非洲沙漠里，也有几处富饶的地方。它们都位于山谷的泉水附近。泉水慢慢汇集成河，向前流淌，被沙地吸收，滋润了周围的土地。湿润的土地会慢慢地被绿色的植被覆盖，形成一处美丽、富饶的地方，与周围荒凉的沙漠形成鲜明的对比。这样的地方被称为“绿洲”，它是那些疲惫的旅行者和虔诚的朝圣者的圣地，可以让他们在荒凉无际的沙漠里得到片刻的安歇。

锡瓦绿洲距地中海海岸大约两三百英里，在亚历山大那个时代就很有名了锡瓦绿洲之所以出名，是因为它是祭拜阿蒙神的中心。非洲北部的人普遍崇拜阿蒙神，他的神殿就建在这片绿洲上，甚至在很大的程度上，这里的居民也享受着前来朝圣的人们的供养。

来到尼罗河口后，亚历山大发现这里非常适合建一座商业城市，于是他决定在返程时就动工建城。然后，他沿着地中海岸一路向西，来到一个叫做帕拉托里厄姆的地方；接着他带着一小队护卫离开了海岸线，开始向南部的沙漠地带行进，花了 11 天时间到达绿洲。

这支队伍在穿过沙漠时经历了种种危险。在开始的一两天里，他们都震惊于眼前壮观的景象。从某种程度上说，沙漠和海洋一样壮丽：它们都一望无际，连绵不绝，与天相接；它们都寂静得深远而恐怖，让人震撼而难忘。不过，沙漠的寂静甚至比咆哮的海浪更加让人心惊胆寒。到了第三天，士兵们开始疲惫不堪。他们体会到了一望无际的沙漠中可怕的寂静。

当时，他们让骆驼驮着用山羊皮做成的水囊。骆驼是沙漠里唯一能负重行走的动物。因为特殊的身体构造，它们能一次携带很多水，还能在沙漠里行走多日。它们一般生活在绿洲和山谷间，靠着石缝中的牧草存活。而当一个草场的草被消耗殆尽后，它们就得花很长的时间穿过沙漠，来到下一片草地。这时，即使在缺水的条件下，它们依然可以顽强地生存很长时间。可以说它们完全就是为沙漠而生的。上帝给了骆驼这样的身体构造，就是为了让它们能适应恶劣的沙漠环境，而这也让我们人类在沙漠中有了依靠。

因为没有携带足够的水，有些士兵倒在了沙漠里。他们正面临着严重的生命威胁。传说他们后来被雨水所救：他们用衣物接住雨水，然后再把雨水挤出来饮用。亚历山大把这一切归功于上天对自己的眷顾。要知道，沙漠里是很少下雨的。

沙漠里还有一种比缺水更可怕的危险，那就是遭遇遮天蔽日的风沙——可怕的沙暴。狂风卷起的沙子不仅会迷住旅行者的眼，更会让他们呼吸困难，最终倒下、死去。

沙丘会很快掩埋他们的尸体，不留一丝痕迹。几年前，在埃及的一片沙漠里，一个波斯国王和他所统率的 5 万士兵就这样被沙暴吞噬了。之前，亚历山大的士兵们都听说过这个故事，而现在，他们也正面临着同样的威胁。不过，最终他们还是克服了所有危险，挺进到了肥沃的绿洲。

从荒凉孤寂的沙漠地带，一下子来到一片郁郁葱葱的美丽绿洲，这让亚历山大和他的士兵们兴奋不已。阿蒙神殿的祭司们用最高的礼仪接待了亚历山大一行。他们举行了一场庄严盛大的祭祀活动，向神献上了丰厚的祭礼；然后，大祭司到神殿的最里面和神进行了交流；接着，他走出神殿，郑重地宣布亚历山大是阿蒙神的儿子；最后，他们给予亚历山大神一样的礼遇。后来人们猜测也许是亚历山大拿了什么东西贿赂了这些祭司。不过，在亚历山大回到孟斐斯后，在他所有的政令和法令中，他都自称为“太阳神阿蒙之子亚历山大国王”。

据说，经过多年的征战，亚历山大的野心越来越大，已经不满足于征战所获得的胜利和所取得的荣耀了，而是开始向往神的荣耀。于是，他开始想方设法地让自己成为太阳神之子，就像《荷马史诗》中的众神之子一样。亚历山大希望自己也能像众神一样被膜拜，所以才来到锡瓦绿洲的阿蒙神殿，由那里的祭司宣布他为太阳神之子。

尽管亚历山大希望凭借这个虚构的神祇身份增加他的士兵对他的崇敬之心，但他自己并没有信以为真，甚至有时候，他还会以此来开玩笑。有一天，士兵们把一个火盆抬进了帐篷。那时的火盆都是一个小小的金属器皿，可以随便放在帐篷里的任何角落，火就在里边燃烧，上面烟雾缭绕。这一次，火盆里的燃料放少了。于是，亚历山大命人再添些燃料。不过他开玩笑地说道："你们可以选择添加木柴或者乳香。如果添木柴，就意味着你们把我当作人；如果添乳香，就意味着你们把我视为神。不管添什么，只能选择一样儿。"

从绿洲返回之后，亚历山大便开始实施在尼罗河河口的建城计划。据说他亲自画了城市的规划图，并亲自监督了整个工程。他还邀请了各国的工匠技师，而许多人也接受了邀请。很快，一座宏大壮观的城市诞生了。城市的选址充分体现了亚历山大的智慧和深谋远虑。这座城市本身就是作为商业城市而建的。很快，这里便成了尼罗河沿岸最大的商业城市和港口。直至今天，它依然保持着它的地位。

在海岸不远处，有一个与新城隔海相望的法罗斯岛。亚历山大命人在这座岛的最高处建了座灯塔，据说这座灯塔的高度超过500尺，这个数据或许有些夸张，但是，它的确是当时的一大奇迹。它不仅闻名于当世，它的存在更是给人类历史留下了不可磨灭的印记。当时这座灯塔的名字叫"Pharos"，所以这个词的意思就变成"灯塔"，并沿用至今。

在建造亚历山大城的时候，亚历山大暂时收起了自己

亚历山大港的灯塔，赫尔曼·蒂尔施绘

的残暴，体验了一段与之前的征战完全不同的生活。在他一生中的大部分时间里，他都是一个毁灭者：他践踏整个亚欧大陆，破坏那里的和平与安宁，打断繁荣的商业往来，摧毁城市，烧杀抢掠。这是一个征服者的本性。但在尼罗河口兴建亚历山大城的时候，他收敛了残暴，开始做一些利国利民的好事。他兴建了港口，建造了仓库，为往来的商人工匠提供食宿；各国的商旅可以更便捷地在这里买卖商品，奔波的商人可以舒适地寄居在尼罗河两岸的无数棚屋里。他的这些举措留下了不朽的功绩。在两千多年里，亚历山大城一直在发挥作用，这也是他留下的唯一一座不朽的丰碑。亚历山大死后，其他一切都化为乌有，唯一留下的就只有这座最具有纪念意义的城市。如果他的一生都致力于这样的善行，也许他能为自己赢得真正的荣耀，同时为整个人类造福。

第九章

伟大的胜利

精彩看点

亚历山大在提尔城休整军队——庆典——亚历山大预备再次出征——被俘的大流士三世的贵妇们——亚历山大优待众女眷——斯塔蒂拉去世——悲痛的西斯甘比斯——悲伤的大流士三世——亚历山大渡过幼发拉底河——大流士三世渡过底格里斯河——亚历山大到达底格里斯河——亚历山大准备渡河——涉水渡河——过河后的情况——大流士三世的计划——阿贝拉平原——铁蒺藜——铁蒺藜的用途——月食——士兵们惊慌失措——情感迸发——月食的壮观——亚历山大消除士兵们的恐惧——亚历山大靠近波斯大军——战斗准备——亚历山大观察波斯营地——军官会议——两边军队人数——亚历山大的训话——帕米尼奥和亚历山大——亚历山大的战衣——大象——马其顿方阵——波斯战败——大流士三世逃走——亚历山大撤离战场——前往巴比伦——苏萨城投降——掠夺宫殿——大规模掠夺和屠杀——大量财宝——苏萨城——山地土著

现在，整个亚洲西部都在亚历山大的统治之下了，他无可争议地成了小亚细亚、腓尼基、朱迪亚、埃及等地的统治者。在亲自任命了管理这些占领区的总督后，他又从埃及回到了提尔城，让大部队在此休整。之前的屠城让提尔城成为一片废墟，不过亚历山大又将其重建了，并且使之恢复了原先的繁荣。休整期间，他还举行了一场持续数周的盛大庆典，附近国家、城邦和城市的君主和贵族都参加了这场盛典。庆典上精彩的竞技表演、游行和宴会让人们惊叹不已，众人纷纷恭维、奉承亚历山大。总之，现在他是所有人关注的焦点，是众人效忠的对象。

不过，此时的亚历山大并不满足。他还有事情没有完成，那就是打败他最大的敌人——波斯国王大流士三世。大流士三世从幼发拉底河流域一路后撤，召集了所有尚在他统治之下的士兵，誓要与亚历山大决一死战。所以，在提尔城将一切事务安排妥当之后，亚历山大便率领大军主力继续东进，向着大流士三世军队聚集的地方进发。

自从大流士三世的母亲、妻子、儿女在伊苏斯被俘之后，她们就一直被囚禁在希腊联军的军营之中，随同亚历山大的大军东奔西走。亚历山大拒绝与大流士三世进行任何谈判，也不同意让他重金赎回自己的家人，而是坚持让她们做自己的俘虏。不过，他对大流士三世的家人尚算尊重。无论行军到何处，他都让她们住在华丽的王室营帐之中，而且给予她们王室应有的待遇。

亚历山大对俘虏的优待似乎可以很好地证明他的慷慨与高尚，但真正的高尚应该是释放这些不幸的妇孺，让她们与家人团聚，不再受分离之苦。所以，我们可以推测，他这么做纯粹是为了向世人彰显自己的品德，而不是真的同情这些可怜的人。而从军人的角度看，能拥有如此的战利品也是他莫大的荣耀。他让她们锦衣玉食，给予她们王室的待遇，更多的是为了向众人表明她们非同一般的身份。他越是优待这些俘虏，就越能展示他辉煌的战果。

亚历山大刚刚率军离开提尔城，他的一个俘虏——大流士三世的王后斯塔蒂拉就突然病逝了（她在被囚之后殚精竭虑，最后因难产而死）。亚历山大迅速获知了此事。于是，他立刻来到大流士三世的母亲西斯甘比斯的营帐中；而此时，西斯甘比斯正悲痛万分地躺在地上，她身边的人也都十分难过。亚历山大上前，竭力安抚了这位可怜的母亲。

王后斯塔蒂拉去世之后，她身边的一个贴身内侍设法

亚历山大雕像，现藏于大不列颠博物馆

逃出了亚历山大的军营。最后，他逃回波斯，把王后去世的噩耗告诉了大流士三世。听完这个消息后，大流士三世十分伤心。不过，这个内侍又说他的母亲及众女眷在亚历山大的军营中很受尊重，依然享有王室待遇。这个消息让大流士三世倍感欣慰。他非常感激亚历山大的慷慨仁慈，并且表示：他如果有一天难逃一败，那么真诚地希望打败他的人就是亚历山大。

底格里斯河和幼发拉底河是两条平行的河流，流经亚洲西部的核心地带，流向东南，最后注入波斯湾。两条河流中间土地肥沃、人口众多的地区就是著名的美索不达米亚了。大流士三世在此驻守了庞大的军队，还广派斥候——他派出的斥候小队几乎撒满了美索不达米亚平原。亚历山大则将行军路线向北偏移，打算从当时著名的渡口塔普萨卡斯渡过幼发拉底河。率军来到塔普萨卡斯后，他发现了一小支波斯军队，而这支波斯军队在看到他的大军后就立刻撤退了。于是，亚历山大下令在河面上修了两座桥。最终，整个大军顺利渡河。

与此同时，大流士三世也率领着庞大的军队渡过了底格里斯河，然后沿着河东岸一路北上。在行军过程中，大流士三世的大军要渡过底格里斯河的众多支流。而为了渡过莱克斯河——底格里斯河的众多支流之一，大流士三世的大军花了差不多 5 天的时间。

大流士三世率军渡过底格里斯河时，知道亚历山大一定会横渡这条河流；而亚历山大此时正和他无所畏惧的希腊联军一起朝着与大流士三世相同的目的地前进。终于，亚历山大率军来到了底格里斯河。大流士三世的军队不得不涉水过河，而底格里斯河河岸陡峭、河水湍急，站在河里很容易被河水冲走。为了能安全渡河，士兵们胳膊挽着胳膊，排成一排慢慢地在河里前进；为了保护自己，他们还把绑在自己胳膊上的小圆盾顶在自己的头顶，以此抵挡河水的冲刷。亚历山大也和士兵们一起下河了，但他走在了最前面，并且第一个到达了对岸。湍急的河水哗哗流淌着，亚历山大不得不站在岸边指挥军队前行。看到自己的统帅已经安全地抵达河对岸后，士兵们大受鼓舞，信心满满地继续前进。

最终，在没有敌军骚扰的情况下，希腊联军顺利抵达对岸。其实，大流士三世并不打算趁亚历山大的大军渡河时半渡而击，因为他无法确定亚历山大大军的渡河地点；与此同时，相对于波斯数十万的兵力，亚历山大的几万大军人数较少，行动较为迅速，可以轻易地避开波斯大军的埋伏。所以，除了湍急的河流，亚历山大的大军几乎没有遇到什么阻碍。

另外，大流士三世不想半渡而击的另一个原因是他想选择一个更加开阔的平原做战场，这样他便能展开他的大军，发挥他的人数优势了。而且他还想占据一个有利的位置，准备以逸待劳对付亚历山大。他很清楚，无论他在何处，他的敌人——亚历山大——一定会主动来找他的．因此，他要先选好战场。最终，大流士三世选定了一片宽阔的平原。它距阿贝拉城不远，而这片以阿贝拉命名的平原也将因为这场著名的战役而永载史册。

大流士三世花了几天时间在平原上集结部队、安营扎寨，并清理掉了一切阻碍骑兵冲锋的障碍，派兵驻守了各个要道。在过去的战争中，有一种对付敌人骑兵的武器——铁蒺藜（它的名字来源于一种叫蒺藜的植物）。这是一种表面布满尖刺的小铁球，如果把它们撒在地上，约一两英寸长的尖刺会刺伤战马的蹄子，让它们无法冲锋。为了对付亚历山大的骑兵，大流士三世把这种铁蒺藜洒遍了亚历山大大军可能经过的沿途道路和草场。

渡过底格里斯河后，亚历山大便命大军在岸边就地扎营。他打算先让大军休整一两天，同时重新安排一下大军的行程。就在这天夜里，天空中突然出现了月食。月食一般是在月圆时出现的天文现象。那时，又美又圆的月亮会突然出现一个缺口，而且缺口会越变越大。这本是一种正常的天文现象，但那个时代的人很惧怕月食，因为他们根本不了解月食发生的原因。现在，亚历山大的士兵们变得惊慌失措。他们认为这是上天对他们的警示——对他们不惜远征、侵略他人的警示。

实际上，他们害怕、焦虑也很正常：毕竟他们一路走来，跋山涉水，不知翻越了多少崇山峻岭，不知穿越了多少戈壁荒漠；毕竟他们正身处远离故乡的亚洲；毕竟他们刚刚渡过一条又深又险的河流；毕竟他们即将面对一支在人数上数十倍于他们的强大部队。到了晚上，群山在黑夜的映衬下影影幢幢，更添孤寂忧伤。当他们抬头，仰望天上的明月，看到皎洁月光时，他们或许能获得些许慰藉；在明亮月光的陪伴下，他们或许能够安然入眠。然而，突然之间，月亮变了样子，慢慢褪去了光华，变得模糊而阴沉，难怪他们会感到恐惧了。实际上，人看到月食后感到害怕是一种本能的反应。一般当月食出现时，周围的气氛都会变得凝重，人们会不由自主地沉默下来。一些人或许会以科学的角度欣赏月食的壮观，另一些人则能体会到来自心灵深处的震撼。

士兵们立刻陷入一片慌乱之中，而且恐惧正在营地中四处蔓延。不过，亚历山大并不着急，既不急着劝慰士兵们不要害怕，也没有表现出无所谓的样子；他即刻召来了占卜师，让他们占卜一下这样的景象究竟预示着什么。而让占卜师来解答这一异象的做法顿时就安抚住了所有的士兵。渐渐地，大家都冷静了下来，他们的恐惧转变成了焦急的等待——所有人都在等着占卜师的答案。终于，占卜师给出了答案。占卜师说："因为亚历山大是太阳神之子，所以我军的代表是太阳，而月亮则是敌军——波斯人的代表。月食出现、月光变暗就意味着波斯军队将会遭遇惨败，甚至灭亡。"听到这些话，大家的焦虑和恐惧顿时烟消云散。

士兵们欣喜异常，再次变得斗志昂扬起来。在当时那种情况下，用真理来反驳无知是没有什么效果的；当愚蠢挡在前进的道路上时，智慧的领袖懂得如何用另一种荒谬打败前一种荒谬。

现在，亚历山大大约有五万兵力，而大军阵列的中心便是马其顿方阵。大军沿着底格里斯河东岸一路前行，斥候们奔向各个方向打探敌情。这就是两支大军获知敌方情报的方式。两支大军就像两只在地上爬行的昆虫一般，靠着它们的触角来探索对方的存在。三天之后，斥候们终于打探到了敌人的消息。于是亚历山大立刻率领一支先遣队去迎战对方。后来亚历山大发现这根本就不是大流士三世的主力，只是一支刚过 1000 人的小部队；而且这支部队一看到亚历山大的大军便撤走了。不过，亚历山大三世还是俘虏了一些骑兵，并从他们那里得知大流士三世已经在阿贝拉平原上集结了大军，正等着他过去决一死战。

亚历山大下令停止行军、就地扎营。在将一切都安排妥当之后，他便让士兵们原地休整，检查武器装备，而他则开始制定作战计划。几天之后，准备工作已经做得差不多了。在一个清晨，太阳还没升起的时候，亚历山大便率领士气高昂、精神百倍的士兵们全副武装地奔赴战场了。

按照亚历山大本来的计划，他的大军将在黎明时分抵达大流士三世大军的营地。然而，两军的距离远远超出了亚历山大的预料。大约在傍晚时分，亚历山大终于率军来到了一条山脉的山崖之上，从那里俯瞰便可以看到平原上布满了一望无际、密密麻麻的营帐，到处是大流士三世的步兵和骑兵。这里距阵地约 4 英里，但波斯大营的糟杂声音与士兵来往走动的喧嚣声依然被秋风送入亚历山大的耳中，自然也送到了他士兵的耳中。

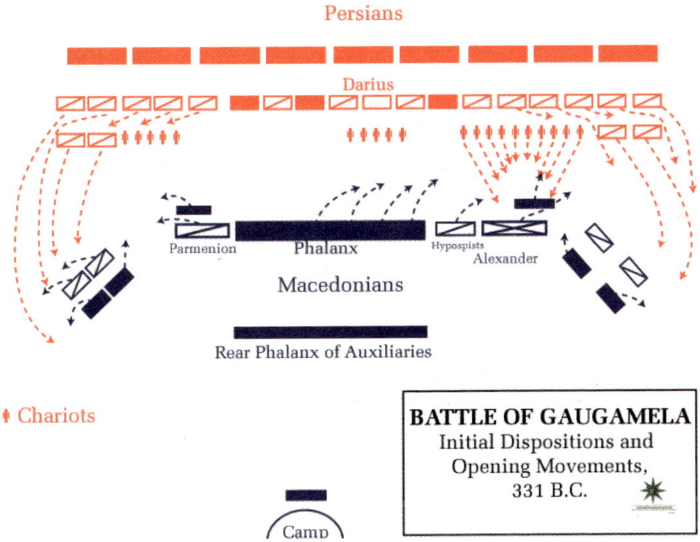

阿贝拉平原之战前夕双方兵力分布示意图。BATTLE OF GAUGAMELA= 阿拉贝平原之战；Initial Dispositions and Opening Movements, 331B. C. = 公元前 331 年，两军一开始的布阵和运动；Persians= 波斯军；Darius= 大流士；Alexander= 亚历山大；Macedonians= 马其顿军

于是，亚历山大命令大军停止前进，然后便开始仔细地观察敌情，并着重观察了敌军的数量及排布情况。之后，亚历山大召来了所有的领军将领，和他们一起商议对策。

亚历山大问道："我们是应该在今天夜里迅速地突袭波斯营地，还是应该在明天早上与波斯大军堂堂正正地决一死战呢？"帕米尼奥更赞同当晚突袭的策略，他认为这样便可以打对方一个措手不及；但亚历山大不这么想，他确信自己会胜利，所以准备与波斯大军堂堂正正地决一死战。尽管他现在只有大约 5 万人的兵力，而波斯大军则差不多在 50 万到 100 万之间，尽管两军在兵力上差距悬殊，尽管亚历山大不占据人数优势，甚至没有任何优势，但亚历山大还是决定以一种光明正大的方式，以堂堂正正之师迎战十倍于己的敌人。

战前，亚历山大向士兵们表达了敬意："我要感谢你们，因为东征以来，你们一直不离不弃，始终跟随在我的身边，因为你们为了马其顿的荣誉而历尽艰辛！此刻，我们面对的不再是蕞尔小国，而是波斯的主力大军。虽然他们人数众多，战力强悍，但胜利必将属于我们！我们一定会取得胜利，获得无上的荣誉！"从他的这些话中，我们便可以看出他坚信自己将会是最后的胜利者。

做完作战安排后，亚历山大便让大家都去休息了，他自己也睡下了。我们不知道他当时是否真的能睡着，但第二天凌晨，当帕米尼奥来到亚历山大的营帐时，亚历山大依然在安眠；而在此之前，帕米尼奥已经召集了士兵，让他们做好了战斗准备，而他也已经布置好战前任务。帕米尼奥非常震惊于亚历山大的淡定从容——大战在即，他竟然还能睡得这么踏实。帕米尼奥叫醒了亚历山大，并告诉他一切已经准备就绪了。接着，帕米尼奥说道："你很淡定，看上去就好像我们已经打完了这场仗，并且大获全胜了一般！"亚历山大回应道："确实如此，当我们确定了大流士三世大军所处的位置，并且要决战的时候，我们就已经稳操胜券了！"

亚历山大快步走到队伍的最前方，今天将是他人生中最重要的日子之一。当时的一个历史学家记录了他奔赴战场时的衣着：他头戴闪闪发亮的头盔，头盔上插着白色的羽毛，而且还有一个镶有宝石的铁制护颈；他身穿短袍，上面套着一副护胸甲；他的腰上紧紧系着一条腰带，腰带上装饰着做工精美的雕像，这条堪称举世无双的腰带是他的一个占领国献给他的礼物；他腰上的宝剑又长又轻、锋利无比，这是塞浦路斯国王献上的礼物。最重要的是，他手拿长矛和盾牌，它们简单实用，没有什么装饰，可以让他在战场上所向披靡。

波斯人习惯在战争中使用大象。当然，他们也有战车。战车的轮子上通常都安装着长刀，所以叫"刀轮战车"。当战车在阵地上驰骋时，长刀就能砍倒周围的一片士兵。亚历山大虽然没有这样奇特的武器，但是他有任何军队都难以抵挡的马其顿方阵，以及勇猛无畏的士兵——他们士气高昂，可以在他镇定自若的指挥下完成命令。

在这种平原战场上，马其顿方阵占尽了优势，一路所向披靡，势不可挡地冲进了敌军阵地。最终，大象受到了惊吓，掉头逃跑了；而为了对付战车，亚历山大的步兵们或者砍断了拉车战马的缰绳，或者让开队伍两侧让战车冲过去，再从后面轻松地攻击它们；波斯大军的阵形被马其顿方阵冲散了，波斯士兵四散而逃。总之，在太阳落山之前，波斯大军就陷入了一片混乱之中，成千上万的士兵被踩踏而死。有的士兵受了重伤，躺在地上痛苦呻吟。见势不妙，大流士三世已经提前逃走了；而亚历山大亲自率领

阿贝拉平原之战，帕布利克·多曼绘

一支骑兵一路追击，追到了阿贝拉城。这里是大流士三世的大本营，藏有他大量的财宝。当亚历山大追到这里时，大流士三世已经从这里逃走了，但他的财宝则连同这座城池一起落到了亚历山大的手里。

尽管亚历山大在这场战役中大获全胜，保持了他的不败神话，维持了他英勇无敌的名声，但几天之后，他就不得不率军撤离这里，远远离开这个值得纪念的胜利战场。因为死去的士兵实在太多，将近 30 万士兵的尸体，连同几十万战马和大象的尸体，几乎铺满了整个战场。因为数量巨大，所以难以掩埋；因为难以掩埋，所以尸体已经开始腐烂了。可怕的恶臭和接踵而来的瘟疫，周遭的居民不得不迁徙到别处去，亚历山大的部队也快速地撤离了这里。波斯的士兵们活着的时候没能击败希腊联军，却在死了以后把他们驱离了。最终，残骸和瘟疫成了这片孤寂荒凉的土地上最后的统治者。这场战争的最终结果便是此地的废弃、荒芜。

接着，亚历山大率军来到了巴比伦。巴比伦总督为希腊联军举行了盛大的欢迎仪式。所有人都涌上街头，几乎每一个角落——道路上、城墙上——都挤满了围观者，大家都想一睹胜利者的风采。而亚历山大本人更是兴奋异常，为自己终于完成了梦寐以求的壮举而骄傲。

巴比伦的东边便是波斯国王冬季行宫的所在地苏萨城，而波斯国王夏季避暑的地方——埃克巴坦那城则在北方的群山里。据说，苏萨城里有华丽宏伟的宫殿和坚固的城堡，城堡里藏有波斯国王的财宝；据说，波斯帝国最大的王室宝库就在苏萨城。传说在没有战事的时候，波斯国王最喜欢干的事情就是收集金币。他收集了大量的金币，并将它们熔掉后倒进了罐子里。这样一来，等金水再次凝固后，只要把罐子打破，金子就会变成罐子的样子。在打败大流士三世之前，亚历山大便听说了这样的传闻；而当取得阿贝拉会战的胜利后，他便立刻派了一个军官来到了苏萨城，借大胜之威，逼苏萨城的居民投降；而苏萨城的居民也立刻投降了。

抵达巴比伦不久，亚历山大就来到苏萨城，将这里的财宝据为己有。这些财宝数量之多、价值之大，都是难以估量的，亚历山大占有这些财富也具有非凡的意义。实际上，亚历山大的所作所为——在阿贝拉屠杀波斯士兵，随后占有苏萨城的财宝——是人类历史上最严重的杀戮和掠夺。这样一来，伟大的英雄便成了历史的罪人，毋庸置疑，他这样的行为就是犯罪，而且还是人类历史上最大最残忍的罪行。由此，我们可以推测，亚历山大东征的动机是满足他的征服欲，换句话说，因为推崇暴力、热爱掠夺，亚历山大才踏上了东征侵略之途。

除了这些财宝，亚历山大还在苏萨城发现了大量来自希腊的战利品，这些东西都是薛西斯一世从希腊抢来的。因为在几百年前，薛西斯一世曾率军入侵过希腊，把他在

波斯国王薛西斯一世的雕像

希腊掠夺的各种战利品和财宝都带回苏萨城。而现在，轮到亚历山大将所有的东西运回希腊了。

终于，这位伟大的征服者离开了苏萨城，向着波斯帝国的首都波斯波利斯进发了。在行军途中，他要率军经过一条峡谷，而当地的部落有一个古老的传统——收过路费，会向路过的人收取一些财物，然后再让他们通过这条峡谷。听说亚历山大将率军经过此处后，部落酋长们按照传统向亚历山大送去一封信。在信中，酋长们说如果你想从这里通过，就必须留下一些钱财；亚历山大则回信说等见面时自然会把该给的钱给他。

这些人当然明白亚历山大的意思，于是开始准备抵御希腊联军的进攻。同时，一些波斯军队也加入其中。为了阻止亚历山大大军通过这条峡谷，他们想尽了一切办法：他们在狭窄的通道上筑起了厚厚的墙壁，堆积了大量障碍物；他们还搬来大量石头，将它们放在两侧的山崖和山坡上。这样一来，落石便能砸到敌人的头了。不过，亚历山大已经事先派出了一支队伍，让他们沿着迂回的山间小路爬上了山顶。当地人都认为那些小路根本无法行走，但亚历山大的士兵做到了。因此，当希腊人突然出现在他们面前时，他们只能狼狈地逃跑。就这样，伟大的征服者率领着他的军队继续向着波斯首都挺进。

第十章

大流士三世之死

精彩看点

向波斯波利斯进军——残暴的本性——宴会——苔丝建议烧毁大王宫——宫殿大火——可怕的场面——奥林匹娅丝——写信给亚历山大——西斯甘比斯——亚历山大和善地待她——大流士三世在埃克巴坦那——大流士三世的宣言——贝苏斯和他的同伙——继续进军——大流士三世撤退——里海隘口——追击大流士三世——搜粮队伍——继续追击——停止追击——休整队伍——缺水问题——亚历山大不顾缺水继续追击——士气高涨——向导——波斯人被赶上——怒杀大流士三世——大流士三世的苦难——部下的背叛——发现大流士——干渴的折磨——大流士三世要求喝水——翻译——大流士三世留给亚历山大的话——感人的场景——亚历山大的悲痛——将大流士三世的尸体交给西斯甘比斯——渡过阿姆河——抓住背叛者——惩罚贝苏斯——叛徒交给西斯甘比斯——可怕的惩罚

对亚历山大来说，从苏萨城到波斯波利斯的行军途中爆发的苏萨关战役又是一次大获全胜的战役。这样的成功让他十分得意、骄傲，而随着不断取得的成就和胜利，他年轻时的谦虚和克制渐渐消失了。现在，他完全沉醉于胜利的喜悦中，在不知不觉中变得傲慢、自负、善变、残暴。他来到波斯波利斯时，突然产生了这样的想法：既然波斯波利斯是波斯的中心，那么这里也一定是最仇恨希腊的地方，既然如此，那么必须加倍惩罚这里的居民。因此，当亚历山大的大军入城时，尽管这里的居民没有做任何抵抗，但亚历山大还是命大军摧毁了这座城市，并放任士兵们烧杀抢掠。

在占领波斯波利斯后不久，发生的另一件事更加充分地说明了亚历山大的性格正变得越来越冲动、任性。当时，亚历山大举办了一场盛大的宴会，宴请了他的将领们和臣服于他的波斯贵族。宴会中有一个既漂亮又精明的女人——苔丝，亚历山大很喜欢她。虽然苔丝不是他的妻子，但亚历山大让她陪在自己左右。在宴会上，苔丝竭力地讨好和取悦亚历山大，再加上她既聪明乖巧又妩媚动人，终于成功地迷住了亚历山大。当亚历山大和宾客们开怀畅饮、兴致正高之时，苔丝请求亚历山大能允许她亲手放火烧掉波斯国王薛西斯一世所建的大王宫。苔丝是希腊阿提卡人，而当年薛西斯一世曾率军入侵希腊并且烧了雅典城，所以现在苔丝也希望烧了他建造的大王宫以报复他当年的行为。当然，同时她想用这样壮观的场面来取悦马其顿大军。亚历山大同意了她的请求。于是，众人拿着宴会厅里的火把，一边走一边欢呼，终于来到了大王宫。苔丝的目

雅典城位于巴尔干半岛南端，是古希腊时期重要的城市之一。图为雅典奥林匹斯山上的宙斯神殿遗址，爱德华·多维尔绘

的终于达到了，半醉的宾客们点燃了他们经过的每个地方，为他们亲手犯下的罪行欢呼雀跃。

夜里燃起这样一场大火是非常可怕的，但这些纵火者眼中没有流露一丝后悔或者懊恼。在这样的震撼场面之前，只有亚历山大瞬间清醒了，他急忙下令灭火。但已经太迟了，整个王宫毁于一旦。亚历山大身上又多了一个抹不去的污点。

尽管很多事实证明亚历山大已经变得越来越自负、残暴，但他还是保留了一些曾让他广受赞誉的优点，其中之一就是他对母亲的爱。亚历山大很敬爱他的母亲。在远征期间，他源源不断地把收缴来的战利品和财宝运到母亲那里。奥林匹娅丝是一个非常专横、傲慢，甚至桀骜不驯的女人，亚历山大离开时曾让安提帕特来管理马其顿，但奥林匹娅丝不断给安提帕特找麻烦，还一直催促儿子让她来马其顿。亚历山大虽然没有答应她的要求，但他还是尽可能地照顾了母亲的情绪，用他的耐心和幽默来应对母亲的谩骂指责。有一次，亚历山大收到了安提帕特的来信。在信中，安提帕特指出了奥林匹娅丝的诸多错误。但读完信后，亚历山大回复道："我相信你所有的指控都是真的，但母亲的一滴眼泪就能抵消掉对她的所有指责。"

奥林匹娅丝常常写信给亚历山大。在信里，她肆意评论和批判他的行军布阵方式，评价他手下的将领；亚历山大则把这些信悄悄地收了起来，从没有给任何人看过。一天，正当他阅读母亲的来信时，他的密友赫费斯提翁来了，并且半开玩笑地走到他身后想看看信里写了什么。亚历山大默许了他的行为，但等到他读完这封信后，亚历山大便从手指上取下一个印章戒指，放到赫费斯提翁的唇上，这是一个让他保密的意思。

亚历山大虽然并没有给予大流士三世的母亲西斯甘比斯和他的孩子们自由，但在其他方面待他们不薄，尽可能周到地照顾了他们。而且他还称呼西斯甘比斯为母亲，赠送她很多礼物。当然，这些礼物都是从她儿子大流士三世那里夺来的。不过，按照当时的惯例，这些东西都已经属于亚历山大了。在到达苏萨城时，他还安排西斯甘比斯和大流士三世的孩子们住在王宫里。在被俘之前，他们经常到那里居住，对他们而言，那里就像家一样熟悉。

之前我们已经提到过，在苏萨城北方的群山里有大流士三世避暑的地方——埃克巴坦那城（即现在伊朗的伊斯法罕）。在阿贝拉会战结束后，亚历山大来到了巴比伦和苏萨城；而大流士三世则逃到了埃克巴坦那城，并暂时留在了那里。在胜利者的安排下，大流士三世的家人住进了苏萨城的旧宫殿；而逃跑的大流士三世则住进了埃克巴坦那城的旧宫殿里。此时，大流士三世虽然依旧保持着自由，却惶惶不可终日。现在，他手下还有大约 4 万依然效忠于他的士兵。在这些人里，有几千名希腊人，这是他从小亚细亚招募来的士兵及花钱雇佣来的雇佣兵。

赫费斯提翁雕像，现藏于加利福尼亚博物馆

大流士三世召来了所有军官，告诉他们他接下来的决定："现在，只有你们依然效忠于我，而其他人——那些曾经效忠于我的人，都在我最艰难的时候背叛了我，转而投向了我的敌人亚历山大，把我赐予他们的城池、堡垒和土地都献给了亚历山大。至于我自己，我本可以向他屈服，求他赐我一片土地、几座城市。但我绝不会接受这样的羞辱，我宁愿战死，也绝不苟活。除非我死，否则我绝不会放弃我的祖先传下的基业，也绝不会接受他人的操纵。现在，如果你们依然支持我，那么就和我一起奋起反抗，我们一起向亚历山大发起最猛烈的反击，结束这场劫难。胜利必定属于我们！"

将士们积极热情地响应了大流士三世的话。他们说他们已经准备好了，必将和国王一起奋战到底。不过，这一切承诺都是谎言和欺骗，一个叫贝苏斯的将军已经与军中其他将领串通好了，打算囚禁大流士三世，自己掌控军队。一方面，如果亚历山大继续追击，他们打算为了自己的利益而把囚犯大流士三世交给亚历山大，以此换取自由和安全，甚至是可能出现的奖赏。另一方面，如果他们的队伍壮大到足以对抗亚历山大的地步，并且最终将他赶出波斯领土，那么贝苏斯就顺理成章地继承王位，然后再秘密处决大流士三世，或者把他放逐到某个与世隔绝的城堡里终身监禁。

贝苏斯和其他高级将领们悄悄地商量着这个计划，并没有把它透露给军队里的希腊籍士兵。不过，这些士兵还是看出一些端倪，猜到了他们将要做的事情。于是，士兵们跑去警告大流士三世，告诉他不要信任那些波斯军官；并向他提议让他们来做他的贴身侍卫，因为他现在只能依赖他们了；他们更建议他最好把国王营帐也搬到希腊士兵的营地去。但大流士三世拒绝了这些建议。他说："我绝对不会怀疑同为波斯人的他们，因为只有他们才会真心地保卫我。除此之外，我不会相信其他人。即使他们终将背叛我，我也不会放弃他们。"

同时，亚历山大开始向埃克巴坦那城进发，所以大流士三世不得不率领他的军队向东撤退。里海南部的大片区域是他们向东撤退的必经之路，这片区域以山地丘陵为主，要想走过这片丘陵就必须通过里海隘口的峡谷。因为这条峡谷的两边巨石林立，所以大流士三世的部队必须花很长的时间才能通过这条狭窄的通道；而亚历山大则率领部队急行军，希望在大流士三世到达峡谷之前追上他。他的行军速度实在太快了，除了身体特别强健的士兵，其他人几乎都跟不上，几千士兵因为体力不支而掉队，许多战马精疲力尽，最终倒在路边死掉了。但亚历山大依然带着没有掉队的士兵们穷追不舍。

亚历山大虽然率军拼命追赶，但最终还是没能追上大流士三世的大军。等亚历山大率军到达峡谷入口时，大流士三世的部队已经离开了。于是，亚历山大命令部队停下来休整，同时等待那些掉队的士兵赶上来。之后，亚历山大又率军继续前进，在晚上宿营时，他还派出几支小分队去周边搜集粮草。一般而言，在行军时，战马上不会驮太多的粮食，所以很多时候，大军需要从附近地区征收粮食。

在等待征粮小分队的时候，一位波斯贵族来到了亚历山大的营地。他告诉亚历山大说："大流士三世的部队距离这里仅有两天左右的路程。不过，现在掌权的不再是大流士三世了，贝苏斯发动了政变，接管了军队，囚禁了大流士三世。只有希腊籍的士兵仍然效忠于大流士三世，不过，贝苏斯已经成功地控制了波斯军队。他们难以抗衡，只好放弃营地，撤退到山谷里等待结果。"

亚历山大等不及小分队返回了，决定即刻追击贝苏斯和被囚的大流士三世。于是，他挑选了最精明强悍的步兵和骑兵，带上两天的干粮，即刻出发了。夜幕降临时，他们停下来休息了片刻，然后继续出发，马不停蹄地追赶了整整一夜，终于在第二天清晨赶到了那个波斯贵族所说的营地。不过，敌人已经离开了，此地仅仅留下了残留的篝火和大军驻扎过的痕迹。

现在，追击的士兵们已经精疲力竭了，必须得到休息，否则便没办法再继续追击了。于是，亚历山大决定停下来休息一天，让士兵们和战马歇息歇息。到了晚上，他们开始继续追击，第二天中午时分来到了波斯人刚刚离开的营地。根据诸多迹象，他们判断波斯人才离开不久，至少不会超过一天。现在，敌人近在咫尺，这让士兵们激动不已。于是，他们决心不惜一切代价，想尽一切办法追上波斯人。

亚历山大找来了当地的居民，向他们询问有没有捷径可以让他更快地追上大流士三世。有人告诉他说有一个可以算作捷径的岔路口，但要到达那里就必须经过一片荒凉且缺水的沙漠。后来，当地居民又给他们找来了向导，向导告诉他们该如何穿过荒凉的沙漠。在一般的行军途中，士兵们因为要携带大量武器装备和粮食，根本无法再带上多余的饮水。所以，将领在选择行军路线时，一定会优先选择沿途有水源的地方。不过，亚历山大顾不上这些了，决定立即出发，亲自率领一支先锋走那条捷径。

他的这场东征已经持续很长一段时间了。在这段时间里，他的最终目标就是战胜大流士三世——他最大的敌人。现在，他已经击败了大流士三世的军队，占领了他的城市，掠夺了他的宫殿，而且他马上就要成为整个波斯的统治者了。但只要一天没有抓住大流士三世，他就不能算是取得了完全的胜利。只要抓住了大流士三世，这场伟大的远征即可宣告结束，他也将获得至高的荣耀。现在，他从一个地方追到另一个地方，已经追击了 1800 英里。在他的追击下，敌人亡命奔逃，已经筋疲力尽，现在更是趋于崩溃的边缘。看不到任何希望的他们即将丧失最后的勇气。而与他的敌人相反的是，胜利在望的亚历山大的士兵却是士气高昂，精神抖擞。

亚历山大的先锋全是骑兵，这样一来，他们便可以用最快的速度追击敌军了。为了让这支队伍更有战斗力，亚历山大又从步兵中挑选了最勇猛无畏的战士，并且命500名骑兵把战马让给他们。所有士兵都希望能参与这次追击，每个士兵都希望自己能被选上。

万事俱备后，亚历山大于当夜率军出发，一路飞奔，一夜都没有休息。当黎明到来的时候，他们来到了一片高

亚历山大时期发行的银币，正面为亚历山大，背面为赫拉克勒斯，现藏于大不列颠博物馆

地，接着发现了不远处的波斯军队。从高地上向下望去，波斯大军毫无秩序可言，无论是骑兵还是步兵，甚至是战车都乱哄哄地挤在一起。

当亚历山大率军突然出现时，贝苏斯和军官们的第一

反应便是逃——拼命地逃跑。大流士三世正被关在一辆战车里，因为战车太笨重，难以快速移动，所以贝苏斯让大流士三世离开战车，骑马与他们一同逃走。但大流士三世拒绝了，他说他宁愿落在亚历山大手中，也不愿和叛徒同行。大流士三世的话激怒了贝苏斯和他的同党，再加上现在形势危急，于是他们拿长矛刺向大流士三世，然后四散而逃，分别逃往不同的方向。他们认为这样做可以分散亚历山大的兵力，让他不得不分兵，而这样一来，他们逃脱的机会便增加了。亚历山大来到被敌人放弃的营地后，也的确分派了几支小分队继续追击逃跑的敌人。

这时，受重伤的大流士三世倒在了战车上，鲜血直流。经历这么多的磨难和痛苦后，他已经身心俱疲：他的国家被亚历山大灭亡了，他的城池被攻陷了，他的财宝被洗劫一空，他的宫殿被付之一炬；他的家人被亚历山大俘虏，他挚爱的妻子也因为承受不住分离的悲伤而在绝望中去世；现在，他被曾经信任的部下背叛、抛弃，走到了生命的最后一刻。这一切都让他绝望。现在，他那些不忠的部下才是他真正的敌人。此刻，大流士三世对贝苏斯的恨是如此的强烈，以至他把对亚历山大的敌意转化成了某种友谊。他觉得亚历山大是和他一样的王者，所以亚历山大一定能够理解和同情他的遭遇与不幸，而且他也感激亚历山大善待他的母亲、妻子、儿女的行为。

现在，鲜血直流的他躺在这里，等待着亚历山大的到来。对现在的他而言，亚历山大不再是敌人，而是一个朋友、一个守护者，也是唯一一个可以在劫难中寻求安慰的对象。与此同时，亚历山大也派人在营地内四处寻找大流士三世。他认为在刚才那种混乱的情况下，大流士三世很有可能会被波斯军抛弃。最后，士兵们在战车里找到了大流士三世。那时，车板上到处是血。被长矛刺穿的大流士三世仅剩一口气了。士兵们慢慢地把他扶起，他则用微弱的声音请求他们给他些水喝。

在战场上受重伤、即将死去的人往往还得承受干渴的折磨，无数躺在地上快要渴死的伤兵构成了战争中另外可怕的一幕。他们绝望地祈求靠近的人能给口水喝，或者求他们干脆杀了自己；他们在地上挣扎着爬向死去同伴的水壶，渴望能找到哪怕几滴水。如果恰好战场上有条小河穿过，那么河床上一定会到处堆满尸体，这是那些在痛苦中挣扎着爬到河边喝水的士兵。大流士三世正遭受着同样的痛苦——这种超过其他所有苦难的折磨，所以，当士兵们找到他时，他既没有祈求对方的怜悯，也没有要求对方帮他减轻重伤带来的痛苦，而只是请求给他一口水喝。

亚历山大军中有一个随军翻译，他是一个被俘虏的波斯人。后来，他便留在了亚历山大的军营中学习希腊语。而这次出征时，亚历山大认为他可能会需要翻译，所以便带上了他。而现在，他终于发挥了他的作用：他听到了大流士三世的请求。于是，他便告诉大家说大流士三世想喝水。一个士兵立刻去给他取水了，其他的人则急忙地去喊亚历山大，想带他来见大流士三世——这个他追了很久，现在奄奄一息的敌人。

喝过水后，大流士三世精神有所恢复。然后他说道："我很高兴现在这里有一个能够听懂我说的话，并且将其转达给亚历山大的翻译，要知道，我之前还一直担心我到死都无法把这些话告诉亚历山大。请你转告亚历山大，我大流士三世最大的遗憾就是无法回报他。我很感激他对我母亲、妻子、儿女的仁慈，他不仅饶恕了她们的性命，还精心照料了她们，我最后的愿望就是向他表达我的谢意。同时，我还希望他能够继续前进，我希望他能有始有终，为这场远征画上圆满的句号。最后，我还有一个请求，如果可以，我希望亚历山大可以抓住贝苏斯，为我报仇。不过，我相信亚历山大为了他自己也会如此做，因为一个王者绝不可能饶恕叛徒。"最后，大流士三世抓住那个给他端水的士兵波利斯特拉的手说道："请用我握过的这只手去紧握亚历山大的手吧，这是我能向他表达的最大的感谢和敬意。"

大流士三世的气息越来越弱，士兵们围着他，竭力想维持他的性命，想让他等到亚历山大的到来。但最终他们还是失败了，大流士三世慢慢地陷入了昏迷，再也没有醒来。而亚历山大则在他死后几分钟赶到。看到眼前的情景后，他也难以自抑地悲痛起来；亲眼见证了自己毁灭了一切后，他终于受不了良心的谴责，难过地哭泣起来。大流士三世从未真正地伤害过他，也没有做过什么罪大恶极的坏事，但他却因自己一直以来的残忍追杀而丧命，而这一切都源于他的征服欲。亚历山大脱下战袍，盖在大流士三世的身上，并立刻安排士兵给他的遗体做了防腐处理，将其放在一个昂贵的棺材里，送回了苏萨城，交给他的母亲

亚历山大用战袍盖在大流士三世身上

西斯甘比斯。接着，他为大流士三世举行了隆重的王室葬礼，让这个母亲亲眼看到自己的儿子被埋进波斯国王的陵寝里。这是一个多么讽刺的恩赐呀，杀死儿子的凶手把儿子的尸体放在豪华的棺木中，送还给这个母亲，以此表示对他们的尊重！

亚历山大继续率军向东北方向追赶贝苏斯，而贝苏斯则召集散落在各处的残兵打算做最后一搏。不过，亚历山大没有立刻抓住他，因为他被阿姆河所阻。这条大河流向西北，最终汇入里海。这条河的水很深，无法涉渡，又因为河底和岸边都是沙地，也无法筑桥。于是，亚历山大决定给兽皮充气，或者在里面填上其他填充物，再把鼓起来的兽皮做成筏子，凭着这些筏子渡过阿姆河。看到亚历山大率军浩浩荡荡地杀来，贝苏斯麾下的将军们意识到他们再也没有逃跑的希望了，于是他们背叛贝苏斯，就像当初贝苏斯背叛大流士三世那样。他们传话给亚历山大，要他派几个人到他们指定的地方，他们会在那里把贝苏斯交到他手上。亚历山大派了一个叫托勒密的军官去了。托勒密来到指定地点后，正巧碰到了准备逃跑的贝苏斯，于是立刻抓住了他。接着，托勒密便派人向亚历山大报告说他已经抓到了贝苏斯，并请示下一步的行动。亚历山大的命令则是：给他的脖子套上绳索，然后将他带到我这里来。

当可恶的叛徒被带到亚历山大的面前时，亚历山大质问他为何如此卑鄙地囚禁并且杀死了自己的君主。但贝苏斯矢口否认这一切。他说道："杀害国王大流士三世的凶手不是我，是我的手下背着我干的。"

亚历山大决定公开惩罚贝苏斯。他在贝苏斯的脸上烙下一大片的烙印。这在当时是一种对付犯人的手段，君主总希望在他的犯人脸上留下无法磨灭的印记。然后，亚历山大又把贝苏斯交给了大流士三世的母亲西斯甘比斯，满足她想为儿子报仇的心愿。怀着即将被处死的恐惧，贝苏斯遭受了各种各样的残酷折磨，最后，当西斯甘比斯厌倦了对他的折磨后。他的死期也到了。据说西斯甘比斯让人找了四颗很高的树，每棵树中间都有一定的距离，她让人弯下树梢，然后把被折磨得快死的贝苏斯的四肢分别绑在不同的树梢上，之后便命人放开树梢。树梢在弹回空中的时候，一瞬间便将贝苏斯的身体撕成了碎片。

第十一章

堕落的亚历山大

精彩看点

处在人生巅峰的亚历山大——令人遗憾的变化——沉迷酒色——将领失和——帕米尼奥的个性——帕米尼奥的贡献——帕米尼奥的儿子菲罗塔斯——菲罗塔斯放荡的个性——阴谋——蒂姆努斯谋反——蒂姆努斯自杀——菲罗塔斯被怀疑——将领会议——菲罗塔斯被指控——逮捕菲罗塔斯——蒂姆努斯的尸体——亚历山大对将领训话——菲罗塔斯受审——菲罗塔斯的抗辩——菲罗塔斯受重刑——菲罗塔斯招供——菲罗塔斯被乱石砸死——帕米尼奥被定死罪——波吕达马斯的秘密任务——预防措施——秘密处死帕米尼奥——克利图斯的故事——他救了亚历山大的性命——克利图斯的职责——宴会出现状况——克利图斯指责亚历山大——亚历山大极度愤怒——亚历山大杀了克利图斯——亚历山大的懊悔

现在，26岁的亚历山大终于完成了伟大的人生抱负。波斯国王大流士三世死了，他成了无可争议的西亚霸主，他已经取得了无上的权力，获得了数不尽的财富。但随着手中权力的增大，他的品性也逐渐被权力侵蚀，他不再像之前那样温和、谦虚、淳朴。他沿用了波斯奢华的礼仪，效仿了波斯国王奢靡的生活方式，住在豪华的宫殿里，整天饮酒作乐、喝得酩酊大醉。总之，他已经不再是之前那个英勇无畏的亚历山大了。他曾经拥有的果断、克制、智慧和耐心都已经消失殆尽。现在，他只对花天酒地、寻欢作乐感兴趣，整天都沉沦在放荡与罪恶的生活中。

他这样奢靡腐化的生活让军队里的一些将领十分失望，这些人大多是年长者，他们因为有着丰富的生活阅历，所以能更好地抵制荒淫奢靡生活的诱惑，哪怕是现在，他们依然能保持简朴正直的本性。在对亚历山大诚恳劝谏无果之后，他们的心与他越来越远，并且开始对他产生强烈的不满。

与此同时，许多年轻将领则把亚历山大当作他们模仿的对象，纷纷效仿他荒唐的行为。不过，他们尽管整天都在一起寻欢作乐，但并没有建立起真正牢固的君臣关系。我们知道，靠着一同吃喝玩乐建立起来的友情是最脆弱的，也是最靠不住的。与此同时，亚历山大也渐渐失去了老将们的信赖和爱戴。现在他手下的将领们要么因不赞成他的所作所为而远离他，要么就和他一起花天酒地，但并不真正效忠于他。

帕米尼奥和他的儿子菲罗塔斯分别是这两派的鲜明代表。帕米尼奥是位德高望重的老将军，经验丰富，在军中威望很高。他曾经忠心地辅佐过亚历山大的父亲国王腓力二世，现在又成功地辅佐亚历山大登上了权力顶峰。在亚历山大的远征过程中，帕米尼奥是他最得力的助手，无论情况如何危急，亚历山大都毫无保留地信任他；而为人冷静、坚强、睿智的帕米尼奥也多次解救亚历山大于危难之中，是亚历山大伟大征程的中流砥柱。我们一般会习惯将所有的功绩和荣耀都归于帝王身上，那个时代的历史记载同样如此，在描述希腊联军的伟大征程时，人们过分夸大了亚历山大的作用，而弱化了其他人，尤其是帕米尼奥的功劳。不过在现代社会，更多读者会公平地看待这些历史事件。他们也许会怀疑，如果没有帕米尼奥的辅佐，亚历山大是否能顺利地完成他的伟大壮举。

亚历山大骑马战斗的雕塑，出土于黎巴嫩的西顿

菲罗塔斯是帕米尼奥的儿子，但他和他的父亲性格迥异。在任何时代，我们都能看到这样的差异，继承荣耀的子孙们总是无法与他们伟大的先辈们相提并论。在当今社会，我们也能看到很多此类事例，那些富人的孩子生来就拥有地位财富，但他们完全摈弃了父辈创业时谦虚审慎的美德，变得飞扬跋扈、自私且放纵。菲罗塔斯就是这样一个骄傲自负、沉溺享乐、放荡不羁的人。和亚历山大一样，渐渐地，他也被周围的人厌弃。帕米尼奥十分憎恶他的这些恶习，曾劝他收敛一些，但他完全无视父亲的忠告，并宣称自己是亚历山大的靠山。他说："要是没有我父亲帕米尼奥，腓力二世能做成什么事情呢？同样，要是没有我，亚历山大能干什么呢？"这些妄言传到了亚历山大耳中，引起了亚历山大的猜忌，使他开始怀疑帕米尼奥父子。

宫廷和军队里总是会有各种各样的明争暗斗，充满了阴谋与背叛，亚历山大不断听到一些针对他的阴谋。现在，将士们在远征初期对他的崇敬与爱戴已经消失殆尽了，不断有将领密谋要废黜他，或者也可以这样说，他不断怀疑有人要造反。为此，亚历山大焦躁不安，极力想找出叛徒并惩罚他们。

最终，菲罗塔斯被牵扯进一桩阴谋中。有一天，亚历山大获悉有人想要废黜并处死他。知情人中有一个是亚历山大的朋友，这个人曾告诉过菲罗塔斯这个消息，希望他能通知亚历山大，但菲罗塔斯完全无视这个消息，所以很可能他也是其中一员。最终，亚历山大获悉这场叛乱的主谋是一个叫蒂姆努斯的将军。

于是，他立刻派了一个将领带蒂姆努斯来见他。听说亚历山大要见他，蒂姆努斯一下子慌了手脚，他并没有起身，而是拔出一把宝剑插进了自己心脏，倒地而死。

接着，亚历山大又派人找来菲罗塔斯，询问他是不是事先知道这场阴谋，但故意不说出来。菲罗塔斯说他事先确实被告知有人正在策划一场阴谋，但他觉得这不可能。因为常常有心怀不轨的人捏造这样的谣言，所以他根本没想过把它当真。不过，现在他已经相信这次阴谋并非是谣言，因为主谋蒂姆努斯已经畏罪自杀了。同时，菲罗塔斯祈求亚历山大的宽恕，原谅自己没能及时通知他，也没能及时采取措施制止阴谋的实施。

亚历山大伸手拍拍菲罗塔斯，说道："我相信你是无辜的，你之所以没有提前告知我这个情况，只是因为你觉得这是个谣言，而并非如他人说的你也参与其中了。"于是，菲罗塔斯回到了自己的营帐。

然而，亚历山大并没放下此事。他召开了一个紧急会议，与会人员都是他的亲信及军中的重要将领。他告诉了他们这件事的来龙去脉。最终，大家得出了另一个结论。他们认为菲罗塔斯一定也参与了这场阴谋，并强烈地要求审判他。在这种情况下，审判就意味着严刑逼供，即用各种酷刑逼他承认所有罪行。

亚历山大同意了这个决议，而且说不定这个结果就是他悄悄策划的。国王身边的亲信一般都懂得察言观色，知道国王有什么意图。不管怎样，亚历山大听从了他们的建议，准备晚上就逮捕菲罗塔斯。

这件事碰巧发生在亚历山大大军准备出发的时候，所有的将领都在做出发前的准备，亚历山大在营地的各个角落都增加了岗哨，整个部队的气氛紧张而凝重。到了深夜时分，亚历山大派人去菲罗塔斯的营帐逮捕他。当他们来到营帐时，菲罗塔斯已经睡着了。他们把他叫醒，并说出他们来此的目的。按照命令，菲罗塔斯即刻被捕，他既悲伤又沮丧，因为他知道自己死期将至。

第二天早上，亚历山大召集了所有人，包括独领一军的主将和其他一些高级将领，共计一千多人。他们个个表情凝重，等待着即将发生的重大事件，尽管他们也不知会发生什么。

上千双眼睛注视着前面的空地，那里放着蒂姆努斯的尸体，血腥而恐怖。亚历山大下令将尸体公开示众，而在此之前，蒂姆努斯的死讯则被压了下来，并没有传开，所以当他的尸体出现时，所有人都惊呆了。随着最初的震惊逐渐平息，亚历山大向众人解释了这场叛乱的来龙去脉，并告诉他们说主谋——他们眼前的人——已经畏罪自杀了。因为尸体就在眼前，也因为亚历山大的描述，在场的所有人都异常愤怒，但亚历山大接下来的话，更让大家震惊不已。他说他有理由相信菲罗塔斯和他的父亲帕米尼奥是整个阴谋的策划者和组织者，要知道帕米尼奥可是他亲自任命的最高将领，也是他曾经最倚重的人。

然后，他下令将菲罗塔斯带上来。卫兵把菲罗塔斯押了上来。他的双手被反绑，头上罩着粗布袋。虽然看不到他的表情，但此刻他一定是沮丧而又绝望的。虽然亚历山大名义上说是带他来受审，但其实他很清楚，受审就意味着刑讯逼供，不会有任何好结果。亚历山大说他让所有在场的人一起来审判他，然后就离开了。

负责审讯菲罗塔斯的都是军队里专横跋扈的将领，他们一直都非常嫉妒帕米尼奥父子。一开始，他们先让菲罗塔斯为自己申辩。菲罗塔斯说根本就没有任何证据能证明他参与了叛乱，所以请求他们能够公正地判决，不要给他加上莫须有的罪名。但回应他的是重刑。其实，正是因为没有确凿的证据，所以这些审判者们才打算用酷刑逼他承认。当然，行刑的正是他的死对头。他们粗暴地把菲罗塔斯带到行刑的架子上。这种行刑架是由轮轴和皮带组成的。他们先把犯人放到中间，再用皮带将他的四肢绑起来，然后转动轮轴拉扯犯人的四肢，给犯人造成巨大的痛苦。

开始的时候，菲罗塔斯还能咬着牙忍受痛苦的折磨，没有哭喊求饶，而是用沉默来表达对刽子手的愤怒和鄙视。当然，实施这样酷刑人的并不会考虑犯人是不是真的有罪，他们唯一关心的是谁坚持的时间更久，是他们这些残暴的施刑者还是那些痛苦的受刑者。终于，可怜的菲罗塔斯忍受不住残酷的刑罚，请求他们把他从行刑架上放下来。他说愿意坦白一切，他们让他承认什么他就承认什么，只求能让他痛快地死去。

于是，众人把他放了下来，开始重新审问。菲罗塔斯承认了一切，包括他和父亲共同参与谋反的“事实”。他承认他们谋划了整个事件，还牵扯出所有与这件事情相关的人，不管这些人是不是真的有关联。菲罗塔斯的供词被记录下来，然后被判处死刑。最终，他被乱石砸死。

发生这件事时，帕米尼奥正在米提亚统率亚历山大大军的主力部分。按照判决，他也要被处死。不过他现在身在远方，而且手握重兵，所以对他的处决需要秘密进行，整个过程不仅要快，而且不能走漏任何风声。当时的情况是这样的：

亚历山大派波吕达马斯前去米提亚秘密处决帕米尼奥。据说他是帕米尼奥的好友，而亚历山大选择他正是因为他和帕米尼奥的关系，因为他不会引起帕米尼奥的怀疑。如果是一个陌生人，帕米尼奥一定会加强戒备。亚历山大给了波吕达马斯几封信，让他转交给帕米尼奥。这几封信都是帕米尼奥的朋友写的，其中还有一封信上盖着他儿子菲罗塔斯的印章，而正是这封信害了这位可怜的父亲。波吕达马斯花了差不多 11 天的时间赶到了米提亚，之后，他要先把国王处决帕米尼奥的指令交给柯林德。一天晚上，

米提亚是西亚古国，位于伊朗高原东部，曾创造出灿烂的文明，图为米提亚人的雕像

他来到柯林德的家里，亲手将亚历山大的指令交给了柯林德，并且和他一起商议如何秘密杀死帕米尼奥。

在安排好一切事情后，波吕达马斯带着许多亲信随从来到帕米尼奥的营帐。当时，这位年过60岁的老将军正在营帐里来回踱步。听到通报后，他就让波吕达马斯进来了。波吕达马斯十分热情友好地走过来，把带来的信交给了帕米尼奥。读过这些信后，帕米尼奥十分开心，尤其是儿子菲罗塔斯的来信更让他欣喜不已，结果他根本没有发现这封信是假的，这一切都是个骗局。这也难怪，毕竟那时将领的书信常常由文书代劳，将领只是最后在信封上盖上自己的印章而已。

帕米尼奥从信中知道亚历山大和他的儿子一切安好，非常高兴，便和波吕达马斯聊起了信里的内容。就在这时，波吕达马斯趁帕米尼奥不备，突然抽出随身携带的匕首跳到他面前，猛地一刀刺向他的喉咙。和他同来的随从们看到这个暗号，立刻冲了上来，乱刀砍向帕米尼奥的身体，直至他断气为止。

就这样，在没有任何确凿证据的情况下，帕米尼奥和他的儿子被处死了，这又是亚历山大辉煌的历史上不光彩的一笔。不久之后，又发生了一件事——克利图斯被杀事件。这次事件带来的影响更加恶劣，更是充分地证明了亚历山大已经失去了曾经的美德，他的心早已经被自私、暴虐占据。

克利图斯也是亚历山大军中一位颇具声望、深得国王信赖的将军。实际上，在格拉尼卡斯河战役中，他还救过亚历山大的性命。当时亚历山大孤军深入，被敌人团团包围，其中一个敌兵已经举起了剑，正要向亚历山大的头上砍去。这时，克利图斯立刻冲了过去，砍倒了那个敌兵。可以说，如果没有克里图斯，亚历山大可能已经在那场战役中阵亡了。亚历山大十分信任忠诚勇敢的克利图斯，就在帕米尼奥父子被处死后不久，一个重镇的总督也告老还乡了，于是亚历山大便任命克利图斯去填补这个空缺。

在克利图斯赴任的前一天晚上，亚历山大为他举行了一场饯行宴会。酒过三巡后，大家都有些醉意了，亚历山大也亢奋起来。在这种时候，他总会吹嘘自己的功绩，同时贬损他父亲腓力二世的成就来抬高自己。

我们知道，喝得半醉的人总是很冲动，容易发生争执，甚至等到清醒过来时，朋友都没得做。克利图斯曾是腓力二世的手下，同时是一个老兵，而老兵们都特别在意自己曾经的荣耀，绝不容许别人玷污它。所以，听见亚历山大将父亲腓力二世在克罗尼亚之战的胜利归功于自己时，克利图斯愤愤不平地向邻座的人嘟囔道：“国王夸耀的战功并不属于他自己。”

这时，亚历山大问克利图斯究竟在说什么，但没有人敢回应他；而克利图斯还在滔滔不绝地自言自语，并且越说越激动、声音越大。克利图斯赞扬了腓力二世的品性和他的军事成就，说他的功绩远远超过了亚历山大的成就，而餐桌上不同派别的宾客则因为这个话题争执起来。现在，老一辈的将领们都还怀念腓力二世和过去的日子，年轻一辈则力挺亚历山大。克利图斯越说越激动，开始赞扬帕米尼奥，说他是国王腓力二世统治时最伟大的将领，最后却受到不公的判决，最终死于非命。

亚历山大当即反驳，克利图斯腾地一声站了起来，情绪完全失控。他厉声指责亚历山大，“你还记得这双手吗？”他边说边伸出了双手，“就是这双手把你从格拉尼卡斯河战役的危险中解救出来的，可是帕米尼奥的死告诉我们，你是如何对待这些效忠于你的臣民的。”听完这些话后，亚历山大怒火中烧，命令克利图斯即刻离开。克利图斯站了起来，正准备离开，一边走一边喃喃自语：“他总是正确的，但他变了，开始喜欢阿谀奉承，现在的他根本无法容忍说真话的人；他总是正确的，但现在的他只配和野蛮人混在一起，因为只有这些人才会将他奉若神明。”

听完这些话，亚历山大更生气了，于是抓起一支标枪扔向克利图斯的头部。宾客们一片混乱，大声惊呼，一些人抓着亚历山大的胳膊，另一些则急忙将克利图斯推出大厅，还有一些则大声地相互指责。人们将克利图斯推出了门，但是刚到走廊，他就挣脱了那些人。接着，他从另一扇门返回了大厅，继续对着亚历山大大骂；亚历山大则拿起标枪刺向克利图斯，并大声喊道；“滚吧，滚到腓力和

克利图斯被杀，安德烈·卡斯坦丁绘

帕米尼奥那儿去。”话音未落，克利图斯就倒下了，人们快速地冲过去，想救下这个可怜的老人，但太迟了，他死了。

镇静下来后，亚历山大懊悔不已，很多天都很伤心。他悼念了这个忠心的大臣，并且为自己的酒后冲动而深深地忏悔。不过，他再难过也无法挽回克利图斯的性命了，也更加不可能抹去自己身上的污点。

第十二章

亚历山大的结局

精彩看点

亚历山大入侵印度——士兵抗命——亚历山大训话——士兵的诚恳告白——军队拒绝前进——亚历山大失望——亚历山大决定返回——受到攻击——亚历山大的放纵——抛弃老朋友——进入巴比伦——隆重的庆典——占星师——研究星辰轨迹——占星师的警告——亚历山大的担心——赫费斯提翁之死——悲伤的亚历山大——赫费斯提翁的隆重葬礼——庞大的工程——亚历山大的忧郁情绪——宏伟的计划——长久的饮宴——亚历山大饮酒过度——亚历山大最后的时刻——遗言——亚历山大去世——对比亚历山大和华盛顿——亚历山大去世后的国家分裂——激烈的争论——阿瑞德斯成为最高统帅——亚历山大去世后的影响——西斯甘比斯之死——欣喜的雅典人——德摩斯梯尼——雅典人的庆祝——福基翁——雅典人采取的措施——凯旋的德摩斯梯尼——迎接德摩斯梯尼——葬礼的准备——遗体的目的地——规模盛大的葬礼——送葬车——装饰与浮雕——骡马的数量——围观人群——遗体放置亚历山大城——最好的纪念碑

在接下来的两三年里，亚历山大继续在亚洲的征途，其间又遇到了各种各样的惊险故事，在这里我们就不一一讲述了。当时，他已经深入印度腹地，率军打到了印度河畔。但依然不满足的他打算横渡印度河，向恒河进发。不过，他的部下极力反对这个计划，军队几乎发生了哗变，因为他的士兵们听到了一些可怕的谣言，他们听说：印度的军队里有很多大象，大象的背上拖着堡垒；印度的士兵十分骁勇，而且手里还拿着各种各样闻所未闻的武器。这些谣言让士兵们恐慌，更何况他们非常不情愿去更远的地方。最后，当亚历山大知道士兵们的抵触情绪越来越严重时，他把所有的将领召到营帐，下令让他们集合军队，他要向士兵们训话。

他向士兵们做了一次演讲。在演讲中，他回顾了他们过去所创造的辉煌，赞扬了他们迄今为止所展现的勇气和坚持。同时，他竭尽全力地想重振士兵们的士气，鼓励他们和他一起继续东征。但没有一个人回应他，所有人都沉默以对；片刻的寂静过后，队伍里出现了一阵骚乱。尽管亚历山大犯过这样那样的错，但士兵们依然爱戴他们的领袖，他们不愿意反抗他的权威。可是，他们不再无限地信赖和崇拜亚历山大的魄力与美德。

最后，一个士兵走上前来，向亚历山大说出了这样的话："尊敬的亚历山大，我们对您的爱戴永远不会改变，我们依然并且永远热爱您、忠于您，我们愿意冒着生命危

士兵们恳求亚历山大返回故乡，安东尼奥·滕佩斯塔绘

险，跟随您去往任何地方。但我们还是要诚恳地告诉您，请您考虑一下我们的处境。作为一个士兵，我们已经为您做了我们能做的一切。我们跋山涉水，几乎走到了世界的尽头，而您现在却要求我们继续另一场远征，去征服连印度人自己都不了解的遥远世界。也许，您的勇气与决断让您有这样的决心，但这已经超出我们的能力范围了。看看这些疲惫的面孔吧，看看他们伤痕累累的身体吧。您还记得嘛，当年我们跟随您出征时有多少人，您再看看，我们现在还剩下多少人。这些历尽千辛万苦、多次死里逃生的士兵再也没有勇气和魄力跟随您去更遥远的地方了。我们渴望得到应得的赏赐，回到故土与家人团聚，平安度过余生。原谅我们有这样的想法，但这是人之常情呀！”

这些话道出了所有人的心声，同时让亚历山大进退两难。如果只是一小部分士兵叛乱的话，他可以采取果断措施镇压他们；但现在他要面对的是全体将士的不满，这让他备受挫折。然而，他专横固执的个性让他难以妥协，于是懊恼而失望的他把自己关进了帐篷里，整整关了两天。

终于，亚历山大答应放弃东征计划，改道向西。在西行途中，他又经历了各种各样的冒险，而且因为他的鲁莽和冲动，常常让大军陷入危险境地。有一次，在攻打一座城镇时，他抓起一架云梯和士兵们一起爬上城墙。不过，因为他的粗心急躁，云梯突然断掉了，城头上的士兵受到敌人的猛烈反击，只得撤下城去。但亚历山大坚持不撤，独自留在了城墙上，最终，无奈之下，他只能冲到城里。看到他被敌军团团围住，他的手下不得不再次搭起云梯，冒死冲上去救他。一些士兵在他周围护住他，另一些士兵则拼命打开一条通道，让大军能进来施以援手。就这样，亚历山大终于被救了出来，但当大家把他扶出城时，在他身上赫然有一支三尺长的箭矢。箭矢刺穿铠甲，射进了他的身体，而且还是一种带有倒钩的箭矢，很难取出来。

随军医生小心翼翼地砍掉箭杆，然后用小刀割开伤口，将里面的倒钩轻轻取出来。但他的伤口几乎是致命的，大量失血让亚历山大的身体变得极度虚弱。幸运的是，在休养了几周之后，他又恢复了健康。但将士们对亚历山大的举动十分不满，这次，冲动鲁莽的他将自己置于危险中，完全不顾大家的生死。

而且亚历山大的酗酒行为和其他恶习也变得越来越严重。他不仅自己不节制饮酒，甚至还鼓励其他人这么干，他常常会奖励宴会上喝酒最多的人。在一次宴会上，有一个人同别人拼酒，据说喝下了大约 18 到 20 品脱的酒。之后，这个人在痛苦中呻吟 3 天后就死去了。而类似的情况还有很多。在这段时间里，大约有 40 人死于宴会上的饮酒过量。

亚历山大率军返回巴比伦时，一路上，他的朋友赫费斯提翁都陪着他。不过，在所有经过的地方，他们都在放纵享乐。现在，亚历山大已经与随他远征多年的战友们出现了隔阂，正渐渐地与波斯人越走越近。现在，他娶了大流士三世的大女儿斯塔提亚为妻，还把大流士三世的小女儿嫁给赫费斯提翁。现在，他正极力促成马其顿的将领们与波斯少女的联姻，他似乎期望这两个民族能融合在一起。而且，无论如何，他的性格及习惯都在渐渐地倾向于他曾经最瞧不起的这种安逸、奢靡和罪恶的生活。

亚历山大快到巴比伦城的时候，碰巧遇到了一队迦勒底的占星师。那时的占星师就好像现在的哲学家一样，只

亚历山大与大流士三世之女的婚礼，帕布利克 · 多曼绘

不过他们是通过研究星辰的运动来预言人类活动的。在远古时代，东方国度的一些牧羊人就开始研究星辰的运行轨迹了。他们常常一边看着羊群，一边仰望夏夜的星空，研究天上的繁星。他们发现，尽管星星从东方升起，划过天际向西落下，但它们保持着一个恒定的距离；不过，他们也发现，偶尔会有几颗星星毫无规律地在其中游荡。他们把那些星星叫“流浪者”，如果用我们现在的语言来表达的话，那就是“行星”。他们带着敬畏与好奇观察着这些星星的运行轨迹，并且自然而然地将这些变化和人类的活动联系在一起。他们竭力想找出它们的运行规律，以此预言未来兴衰。最终，他们认为彗星或日食的出现预示着一场即将降临的灾难。当然，在我们看来，这纯属无稽之谈。

占星师们隆重庄严地排成一排迎接亚历山大，并告诉他：“我们从星辰的运行中发现了一些不同寻常的迹象，而这些迹象显示，您回到巴比伦后会遭遇血光之灾。因此，我们请求您不要再向前走了，您可以另选一个城市作为首都。”听完这些话，亚历山大不知所措，因为长期的安逸生活，他的坚强意志已经被慢慢地削弱了。现在，他很容易对这些预言产生恐惧。当然，他恐惧的一部分原因除奢靡享乐磨灭了他的精神意志以外，还有一部分原因是他的负罪感——道德亏欠所带来的负罪感。研究表明，犯过罪的人总是会害怕，犯罪不仅会给他人惹来麻烦，更会让罪犯产生各种各样的恐惧。

亚历山大对占星师的预言十分困惑。于是，他下令暂停行军，开始焦虑地思考接下来该怎么办。最后，一个希腊哲学家来到亚历山大身边，就这个问题提出了自己的看法。他认为占星术不值得信赖，因为希腊人从不相信星象，而是靠着飞鸟的飞行轨迹和祭坛上祭品的形式来预测未来。

这些话缓解了亚历山大的焦虑，于是他决定率军进城，整个部队在隆重热闹的迎接仪式中进入了巴比伦城。欢迎仪式极其隆重：来自各个国家的贵族使者到场迎接他；而为了向他致敬，他们准备了盛大奢华的游行、表演和庆典；整个国家一片欢腾，所有人都在为迎接一位征服者、一位君主、一个神的儿子而兴奋不已。

不过，没过多久，他最初的喜悦就褪去了，再次陷入焦虑烦恼之中，因为他最亲密的伙伴赫费斯提翁死在了回军路上。因为长期纵情声色，赫费斯提翁得了重病去逝了。这让亚历山大很受打击，他开始变得意志消沉，并且很久都没有从悲伤情绪中缓过来。最终，他决定一回到巴比伦，就要举行一场盛大的葬礼来纪念他的好友。

为了能够举行一场豪华的葬礼，他向周围的城邦下令征收了大笔赋税。接着，为了腾出地方为赫费斯提翁修建纪念碑，他还推倒了一片城墙。这座纪念碑设计得既精美又宏大，它的上面装饰着各种雕像、圆柱和镀金的饰品。除此以外，它还装饰着一排战舰的舰艏，这是亚历山大在一次胜利之后带回来的战利品。纪念碑的顶端有一个汽笛形象的雕塑，里面装有机械装置，能发出悲伤的挽歌。据今天的历史学家估算，为了修建这座纪念碑，也为了举行表演、竞技、盛大的游行和祭祀，亚历山大花费巨大，如果以现在的美元来计算，恐怕有一千万美元。

不过，亚历山大的奢靡、荒唐还是有一定的限度的。在希腊，有一座阿索斯山，它的山坡上有一座城市，而它的另一面则有条蜿蜒流淌的河流。有个设计者说他可以把阿索斯山凿成一个卧着的男子形象，他还宣称他可以让这座巨大的雕塑一只手托着城市，另一只手抚着清清的河水。

听到这个建议后，亚历山大沉思起来。阿索斯山让他想起了薛西斯一世——波斯之前的国王，在侵略希腊时，他也曾试图在阿索斯山上开凿一条山路，但是最终功败垂成，未完成的工程也成了一个永久的失败标志。亚历山大最后决定不做这样的雕塑，他说："阿索斯山已经成了一个愚蠢国王的纪念碑了，我可不想让它见证另一个国王的愚蠢。"

为赫费斯提翁举行完盛大的葬礼之后，亚历山大又一次陷入抑郁的状态中。这种空虚、忧虑是由于长期以来的堕落放纵造成的，除非有更大的精神刺激，否则他便会一直郁郁寡欢。不过，之前残存的精力让他计划改造巴比伦城。接着他就立刻着手实施了这项计划。现在，他喜怒无常，上一刻充满决心要大干一场，可下一刻又会沉沦到堕落放纵中无法自拔。这真是令人唏嘘，曾经意气风发的英雄，现在却在罪恶中痛苦挣扎。最终，这悲壮的一幕以一个意想不到的方式结束了。

有一天，亚历山大刚刚与客人们狂饮了一夜。就在宴会将要结束时，有客人提议为什么不再邀些人来，再办一场新的饮宴。此时，亚历山大已经有些神智不清了，但还是欣然接受了这个建议。于是，不一会儿，又有大约20个客人来到了。为了向大家显示自己的好酒量，亚历山大首先与每一个客人碰了杯；然后，他们又一起狂饮了一通；接着，他又下令换了一个更大的酒杯——大力神杯；之后，他命人将杯子斟满，然后向在座的普罗蒂斯——一个马其顿人祝酒，祝他身体健康；这样的豪气引来了一片掌声，亚历山大也很高兴，于是他下令再次斟满杯子，向下一个客人继续祝酒。

刚刚敬完酒，意外便发生了，亚历山大突然失去了意识，重重地摔在了地上。众人急忙把他抬出了大殿。之后连续数天里，他都高烧不止，医生花了很大功夫才帮他退烧。终于，他的神智慢慢地恢复过来了，人也苏醒了。而且他又开始对他的军队和战舰发布命令，他认为只要自己将精力重新放到军队和权力上，他就能从死亡线上折回，他的魄力和勇气就会回归。他安慰自己说他一定会好起来的，或者说，他坚信自己是不会死的。

不过很快他就发现，尽管他竭尽全力地想要重新振作起来，但他的精力在一点点耗尽，他感到自己所剩的时间不多了。他终于明白自己快要死了。于是，他摘下了手上的印章戒指，这意味着他已经心灰意冷了。他把戒指交给站在床边的一个朋友，说："等我死了，记得把我的遗体带到阿蒙神殿，我想葬在那里。"

围在床边的将士们依次走上前来，亲吻他的手。看到亚历山大即将永远地离开他们，大家重新燃起了对他的热爱和崇敬。他们问他打算把他的帝国传给谁，亚历山大说："传给最值得的人。"这样的答案无疑是在逃避，但此刻亚历山大已经心力交瘁到无暇去思考这件事了。他可能也清楚，在他死后，要维持这样一个庞大的帝国是不可能的。事实上，他应该预料到了这个答案将会引起多大的风波，它会让野心家们为了争夺继承权而兵戎相见。

不久，亚历山大就驾崩了，整个巴比伦王宫回荡着一片哀嚎恸哭之声，但随之而来的就是激烈不休的继承人争夺战。亚历山大的人生目标并不是要建立一个稳定的国家，他所做的一切都是为了满足他的征服欲，所以他并没有考虑过如何让人民和平有序地生活，如何促进农业的发展，如何在被他征服的地方开创新的文明。

如果将他与美国第一任总统华盛顿相比，我们便能看到一个鲜明的差距：华盛顿的人生目标是建立一套成熟完善的制度，避免人亡政息，能够让这个国家在失去他之后继续保持繁荣昌盛。所以，他会有步骤地放手国家事务，让各个机构部门更独立地运作，从而更加有效地发挥它的

垂死的亚历山大雕像，现藏于阿塞拜疆国家博物馆

职能。他的责任就是建立和维护这一制度，而不是独揽大权。可再看看亚历山大，他的人生目标就是开疆拓土，他想的是如何将自己的权力扩展到各个地方。他从没想过人民的福祉，也没想过做些什么来防止国家陷入混乱和内战之中。他很清楚，在他死后，国家会分崩离析、民不聊生，因为他的权威高于一切，他是整个帝国的灵魂，但他并没有针对这种可能的情况做出任何的防御措施。结果与预料的一样，在亚历山大死后，整个帝国分崩离析，陷入了常年的战乱纷争中，每一个将军、总督都在拼命地抓紧手中的权力，并且希望将它进一步扩大。最终，连年征战带来的毁灭和痛苦在欧洲和亚洲大陆持续了很多年。

亚历山大刚刚驾崩的时候，追随他的将领们立即召开了一个紧急会议。在会上，他们试图找到一个可以担负重任的继承人。我们前面已经说过，亚历山大没有子嗣，而且他临终前也没有指定继承人。不过，在亚历山大的众多妻子中（如果那可以称为妻子的话），有一个叫罗克珊娜的女人，在亚历山大死后不久，她为亚历山大生下了一个儿子。经过一周的激烈争论，最终，将军们决定让亚历山大的这遗腹子继承王位，但与此同时，他们又推举了一个叫阿瑞德斯的贵族作为最高统帅。其实选择阿瑞德斯是一个折中的办法，因为众人都有自己的打算，选择他这样一个根本没有任何天分与才能的人做名义上的最高统帅后，他们就能掌控实权。最终，阿瑞德斯接受了任命，不过，

亚历山大与罗克珊娜，彼得罗·罗塔里绘

实际上，他就是一个傀儡，除了有一个名义上的称呼，没有任何实权。

当亚历山大驾崩的消息传到帝国的各个角落时，人们对此的反应相差很大：有些人为他的死扼腕叹息，对他的伟大成就赞叹不已，这些人一般都没有经历过战争；而另一些人则对他的死拍手称快，这些人饱受战乱之苦，很多人的家人、朋友都死于战争，在他们看来，亚历山大这样一个给别人带来无穷灾难的人终于遭到神祇的惩罚了。

我们可能会猜想，大流士三世可怜的母亲西斯甘比斯一定是狂欢人群中最高兴的那位了，但历史告诉我们事实并非如此。听到亚历山大的死讯后，她悲伤不已。实际上，尽管亚历山大是他儿子最大的敌人，但对她而言，亚历山大也是她自己最衷心、最慷慨的朋友。一直以来，他不仅尽力满足她的一切要求，而且十分尊敬她。渐渐地，她对亚历山大产生了一种母亲对儿子的感情。事实上，亚历山大也常常称呼她为母亲。所以，当西斯甘比斯听到亚历山大驾崩的消息时，她觉得自己最后的依靠也没了。她的命运已经很悲惨了，这样的打击让她彻底绝望。整日以泪洗面的她日渐消瘦，而且她还选择了绝食，就像那些精神遭受重大创伤的人一样。最终她也去世了，很多人都说她是饿死的，但在垂暮之年无依无靠的她，也有可能是因为经受不住绝望与悲伤，最后伤心而死的。

与西斯甘比斯形成鲜明对比的是，当亚历山大的死讯传回希腊时，整个雅典都沸腾了，所有的大街小巷上都挤满了欢庆的人。之前，雅典和其他一些南部城邦都是迫于无奈才屈服于亚历山大的。之前，它们曾经反抗过腓力二世，也反抗过亚历山大。虽然因为亚历山大摧毁了底比斯，它们暂时收起了反抗之心，但从来没有真正屈服。虽然亚历山大流放了反对他的演说家德摩斯梯尼，也禁止了所有反对他的言论，但不满和抗争从未消失，甚至在压制之下更加激烈，随时都会带着惊人的力量重新爆发。

所以，当亚历山大死于巴比伦的流言传到雅典时，整个城市疯狂起来。在开始的时候，虽然这仅仅是个流言，但雅典的人还是奔走相告，兴奋地议论着这件事，并且相互祝贺。有些人主张立刻独立，或者干脆和马其顿开战；一些年长者和智者则相对冷静，他们建议先不要急着做决定，而是先确定这个消息的真假。尤其是雅典城里一个著名的政客福基翁，他竭力劝阻大家冷静一些。他说："大家不要太过激动，如果亚历山大真的死了，那他永远都不会再活过来，所以我们有足够的时间来慎重地对待这个消息。"

尽管他的话十分正确，但还是引来一片指责之声，此刻狂热的雅典人根本听不进去任何话，他们决定发动战争。于是，雅典人向整个伯罗奔尼撒半岛的各个城邦派去了使者，打算建立一个对抗马其顿联盟；他们还做了很多军事布置，以确保雅典能摆脱马其顿获得独立与自由；他们更是接回了被流放的德摩斯梯尼。试想一下，如果亚历山大的死讯只是一个谣言的话，那么他们势必要为他们的所作所为付出惨痛的代价。所幸，德摩斯梯尼和雅典人很快就证实了这条消息的准确性。

对整个雅典城而言，德摩斯梯尼的回归就像是胜利者的凯旋。在被召回前，他正被流放在埃吉纳岛，这是一个位于爱琴海海湾的小岛，在雅典西南部四十英里之外。他们派了一艘装有三列船桨的大帆船去迎接德摩斯梯尼，当时，这已经是迎接贵宾的最高礼仪了。雅典城距海岸还有一段距离，在靠近雅典城的岸边有一个叫皮鲁斯的港口，一条笔直的大道就从这个港口延伸到雅典城。当时，迎回德摩斯梯尼的船就停靠在了皮鲁斯港，雅典城中的所有人——包括社会知名人物和宗教人士——都来到了港口，他们列队欢迎德摩斯梯尼的回归，他们的后面还跟着欢呼的人群，他们一起见证了这一壮观的场面。

而在巴比伦，人们正在大张旗鼓地筹备亚历山大的葬礼。其实，早在两年前，亚历山大的陵寝就已经完工了，所以，现在人们首先要做的便是对亚历山大的遗体做防腐处理。他们按照埃及人和迦勒底人的殡葬工艺处理了亚历山大的遗体，然后将其放置在精美的大理石石棺里，接着便是准备将其运到遥远的安息之地。亚历山大在临终前留下了遗言。在遗言中，他要求部下将他葬在位于埃及绿洲的阿蒙神殿内，他正是在那里被宣布为太阳神之子的。有人说他提出这样的要求是因为他坚信自己是太阳神之子。不过，在我们看来，这个说法是荒谬的，因为像他这样的人是不会相信自己的神祇身份的。我想他之所以要将自己的遗体运往那里，应该是为了让普通人更加相信他神的身份，应该是为了让普通人继续保持对他的敬畏与崇拜。不过，无论如何，这是他的命令，尽管他已经离去了，但他的部下，那些在巴比伦的人，依然会坚定地执行他的命令。

这是一趟遥远的行程，因为他的送葬队伍要走将近1000英里。人们从巴比伦出发，最终到达埃及东部，这将是史上最宏大的送葬仪式了。这让我想起了拿破仑，他的遗体是从圣赫勒拿岛运到巴黎的，但拿破仑的待遇还算不上葬礼，充其量是在运送遗体。不过，亚历山大的葬礼也不过是个很简单的过程而已：在他刚刚驾崩时，他的部下就已经为他准备好了送葬的队伍；而送葬的过程也不过是将他的遗体从宫殿运到他的陵寝而已；虽然这个陵寝远在千里之外，但那又如何，毕竟这段路程都在他的帝国之内；其实，比起平常的送葬，他的送葬队伍只不过是需要耗费更多的人力、物力，需要跨越更辽阔的土地而已。

为了运送亚历山大的遗体，他的部下特意建造了一辆庞大而精美的马车。而且这辆马车的奢华程度难以想象：它的车轮辐条上都包裹着金子，轮子中间的轮轴上也都镶嵌着金子做成的饰物；它的轮轴非常大，而且轮子的间距也很宽，这样一来，它的上面就能放上宽大的马车板了；

它的车板长约 18 英尺，宽约 12 英尺，可以在上面放置任何东西；车板的上面建有华丽的帐篷，帐篷以爱奥尼亚式的柱子支撑着，分别以紫色和金色装点内外；帐篷的四周半开半闭，中间形成了一间房子，房子里堆满金银财宝；在车板的后部，有一个带着台阶的宝座，宝座上面雕刻着各种精美图案；而宝座上则摆满了王冠，这些王冠象征着亚历山大征服的无数国家；宝座的下边就是他的棺椁了，据说这座棺椁是用纯金打造的；棺椁里面除了他的遗体，还放有大量香料；而亚历山大曾经使用过的武器则放在宝座与棺椁之间。

马车的四边都刻有浮雕。这些浮雕的内容多样，不仅有马其顿方阵、波斯舰队、印度大象、骑兵方阵，还有其他内容，共同记录了亚历山大生前的光辉战绩。帐篷的四周则悬挂着金色的蕾丝边或是带花边的网，上面系着铃铛，当马车前行时，铃铛便会发出阵阵响声。64 匹骡马组成了庞大的骡马队伍，它们以 4 匹为一组，拉着沉重的马车。这些骡马都是精挑细选出来的，几乎同样高大，而且人们还在它们身上套上了金子做的马鞍，马鞍上也镶满了宝石。

在送葬队伍离开巴比伦前，大批先遣队和工匠已经提前出发了。他们将修复道路、加固桥梁、移除前进路上的一切障碍。终于，当一切准备妥当后，庄严肃穆的车队便穿过巴比伦大门出发了。无法形容当时究竟有多少人在围观。总之，从这一条路到另一条路上，从这一座城池到另一座城池中，总有无数的人驻足、目送他们远去。

尽管有如此奢华壮观的车队送葬，但亚历山大的遗体还是没能到达目的地。当送葬队伍来到埃及境内时，托勒密——亚历山大占领埃及后任命管理此地的人——率领军

亚历山大的葬礼

队迎接了车队。不知出于什么原因，他更希望亚历山大的遗体留在亚历山大城。于是，亚历山大的遗体就留在了那里。据说当地的人还专门为亚历山大建造了一座宏伟的纪念碑，而且据说这座纪念碑一直保存了1500年，但现在我们没有发现它所留下的任何痕迹。不过，亚历山大城本身就是这位征服者最好的纪念碑，也是任何一个胜利者所能留下的最好纪念，因为它不会随着时间的流逝而磨灭。正如亚历山大当初预料的那样，它的地位和特色能让它历久弥新，永恒不朽。

亚历山大因为无人可及的魄力和其他各个方面的能力，被冠以“大帝”这样至高无上的荣誉。我们尽管要谴责他人生后半段所展现出的残暴自私，但还是会禁不住为他超凡的天赋和勇气鼓掌。其实，我们可以说他就是个强盗，但这个强盗创造出了如此伟大的功绩，以至我们在回顾他的人生时，往往会忽略他的罪行，只记得他在人类历史上留下的浓墨重彩。

附录
专有名词英汉对照

Alexander the Great	亚历山大大帝
Napoleon	拿破仑
Persians	波斯人
Medes	米提亚人
Assyrians	亚述人
Greeks	希腊人
Romans	罗马人
Aegean Sea	爱琴海
Hellespont	达达尼尔海峡
Mediterranean	地中海
Grecian Kingdoms	希腊
Philip	腓力
Macedon	马其顿
Olympias	奥林匹娅丝
Epirus	伊庇鲁斯
Lannice	兰妮丝

Leonnatus	列昂纳托
Lysimachus	雷西马克
Homer	荷马
Troy	特洛伊
Aristotle	亚里士多德
King Darius	大流士国王
Bucephalus	布西发拉斯
Bucephalia	布西发利亚
Boeotia	维奥蒂亚
Chaeronea	喀罗尼亚
Attalus	阿塔鲁斯
Athens	雅典
Pausanias	普萨尼亚斯
Demosthenes	德摩斯梯尼
Antipater	安提帕特
Parmenio	帕米尼奥
Corinth	科林斯
Pindar	品达
Sparta	斯巴达
Lacedaemon	雷斯德蒙
Pass of Thermopylae	温泉关
Anthela	安西拉
Amphictyon	安菲克堤翁
Thessaly	塞萨利
Leonidas	列奥尼达斯
Thebes	底比斯
Mount Hacmus	哈伊莫司山系
Black Sea	黑海